잠 못들 정도로 재미있는 이야기

독

후나야마 신지 지음 / 김성훈 옮김

BM (주)도서출판 성안당

　여러분은 '독'이라고 하면 무엇이 떠오르시나요? 무서운 독사, 스치기만 해도 극심한 통증을 일으키는 해파리, 아니면 자신도 모르는 사이 몸속에 쌓여 가는 화학 물질일지도 모르겠습니다.

　독은 사실 우리 주변 어디에나 늘 숨어 있습니다. 대부분 눈에 보이지 않고 때로는 맛도 냄새도 없어, 알아차렸을 때는 이미 돌이킬 수 없는 상황에 이르기도 합니다.

　어떤 독은 고작 몇 밀리그램만으로도 순식간에 생명을 앗아가기도 하고, 또 어떤 독은 오랜 시간에 걸쳐 조용히 몸을 좀먹습니다. 생물이 지닌 독은 일반적으로 먹이를 사냥하거나 적으로부터 몸을 보호하기 위해 진화한 것이지만, 인간에게는 치명적인 위협이 되는 경우가 적지 않습니다.

　게다가, 우리가 매일 아무렇지 않게 먹고 마시는 음식이나 음료 속에도 자신도 모르게 섭취하게 되는 독이 숨어 있을 수 있다는 사실을 알고 계신가요? 숨을 쉴 때 들이마시게 되는 대기 중의 독성 물질 역시 현대 사회가 만들어낸 또 하나의 공포입니다.

　하지만 독은 단순히 두려워할 대상만은 아닙니다. 독은 대체로 인간의 생명을 위협하지만, 의료와 과학 분야에서는 그 특성을 살려 치료와 연구에 활용되고 있습니다. 예컨대 독도마뱀의 독에서 치료제가 만들어지고 보툴리누스균의 독소가 미용 의료에 활용되는 것처럼 독은 인류의 지혜와 기술에 의해 때로는 '든든한 아군'이 되기도 합니다.

이 책은 독의 진실을 과학적으로 살펴보고, 그 위험성과 대응 방법을 도표와 일러스트를 통해 한눈에 이해할 수 있도록 구성했습니다. 독은 단순히 공포의 대상이 아닙니다. 그 정체를 알고 제대로 이해한다면, 우리는 독에 대해 적절하게 대비할 수 있기 때문입니다. 그렇게 생각하면, 어쩌면 진짜 '독'은 무지(無知) 그 자체인지도 모릅니다.

이 책이 여러분의 새로운 지식과 깨달음을 얻는 데 조금이나마 보탬이 되기를 바랍니다.

일본약사학회 회장·일본약과대학 객원교수 후나야마 신지

독이 인체에 미치는 영향은?

음식물과 생물, 생활·자연환경 등, 우리 주변에 숨어 있는 독.
그 종류는 물론, 독성의 강도와 인체에 미치는 영향도 제각각입니다.
근거없는 속설에 휘둘리지 말고, 올바른 지식으로 자신을 몸을 지킵시다.

독이 사람에게 일으키는 증상은 매우 다양하며, 독의 종류나 섭취 방법, 섭취량 등에 따라 달라집니다. 심각한 경우에는 생명을 위협할 수도 있습니다.

독의 작용

독은 효과가 나타나는 시간이나 영향을 미치는 범위 등, 인체에 작용하는 방식에 따라 분류할 수 있습니다. 분류 방법에는 여러 가지가 있으며, 여기서는 대표적인 3가지를 소개합니다.

독을 섭취하면?

작용 ①

가역성 독	비가역성 독
 일시적으로 작용하며, 원래의 건강한 상태로 돌아온다.	 원래 상태로 돌아오지 못하고, 후유증이 남거나 사망에 이른다.

독의 영향이 일시적인 것과 사라지지 않고 남는 것으로 나눌 수 있습니다.

작용 ②

급성 독	만성 독
 즉시 작용한다. 예 사린 가스, 하브뱀(살무사류) 독	 점차적으로 영향을 미친다. 예 간독성 물질(간장독), 발암성 물질

독이 인체에 작용하는 속도로 분류하는 방법. 체내에 들어가면 바로 독성을 발휘하는 '급성 독'과 장기간에 걸친 섭취 등으로 서서히 영향을 나타나는 '만성 독'으로 나눌 수 있습니다.

작용 ③

전신 독	국소 독
 몸 전체에 영향을 미친다. 예 복어 독, 전갈 독	 일부에 영향을 미친다. 예 황산, 수산화나트륨(가성소다)

독이 영향을 미치는 범위에 따라 분류하는 방법. 독에 닿은 부위에만 독성이 나타나는 '국소 독'과 전신에 작용하는 '전신 독'으로 나눌 수 있습니다.

우리 주변의
독은 이렇게나 많다!

이 세상 곳곳에는 수많은 독이 존재합니다. 때로는 모르는 사이에
섭취하게 되는 경우도 있습니다. 그렇다면 독의 종류에는
어떤 것들이 있을까요?

식물의 독

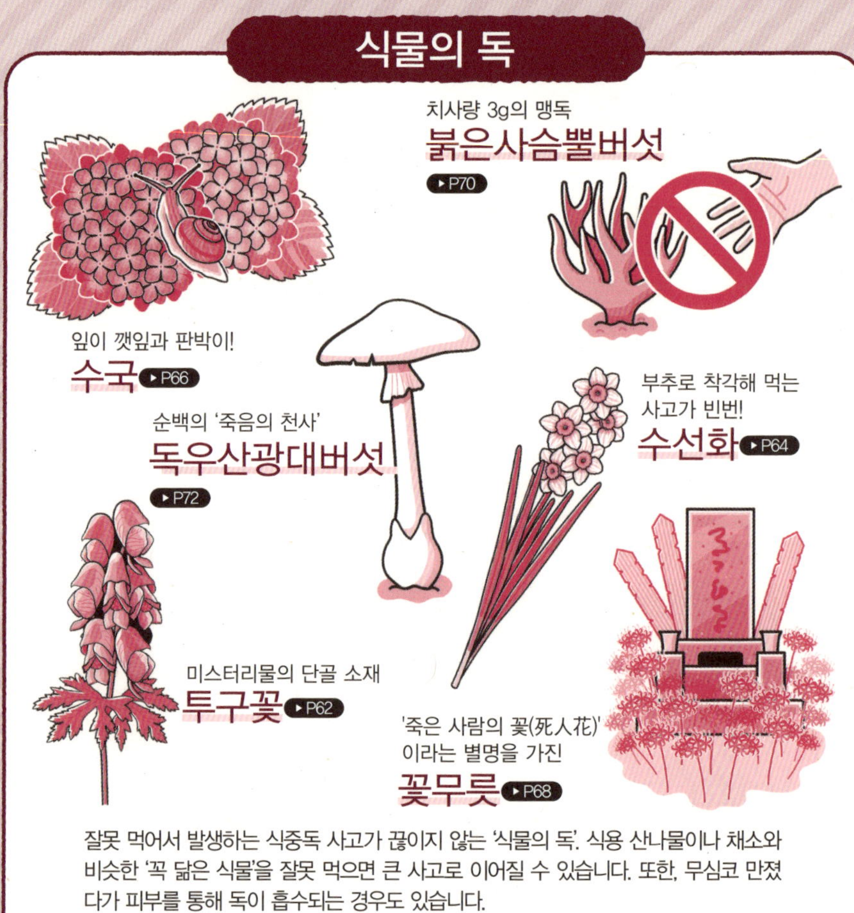

잘못 먹어서 발생하는 식중독 사고가 끊이지 않는 '식물의 독'. 식용 산나물이나 채소와
비슷한 '꼭 닮은 식물'을 잘못 먹으면 큰 사고로 이어질 수 있습니다. 또한, 무심코 만졌
다가 피부를 통해 독이 흡수되는 경우도 있습니다.

생물의 독

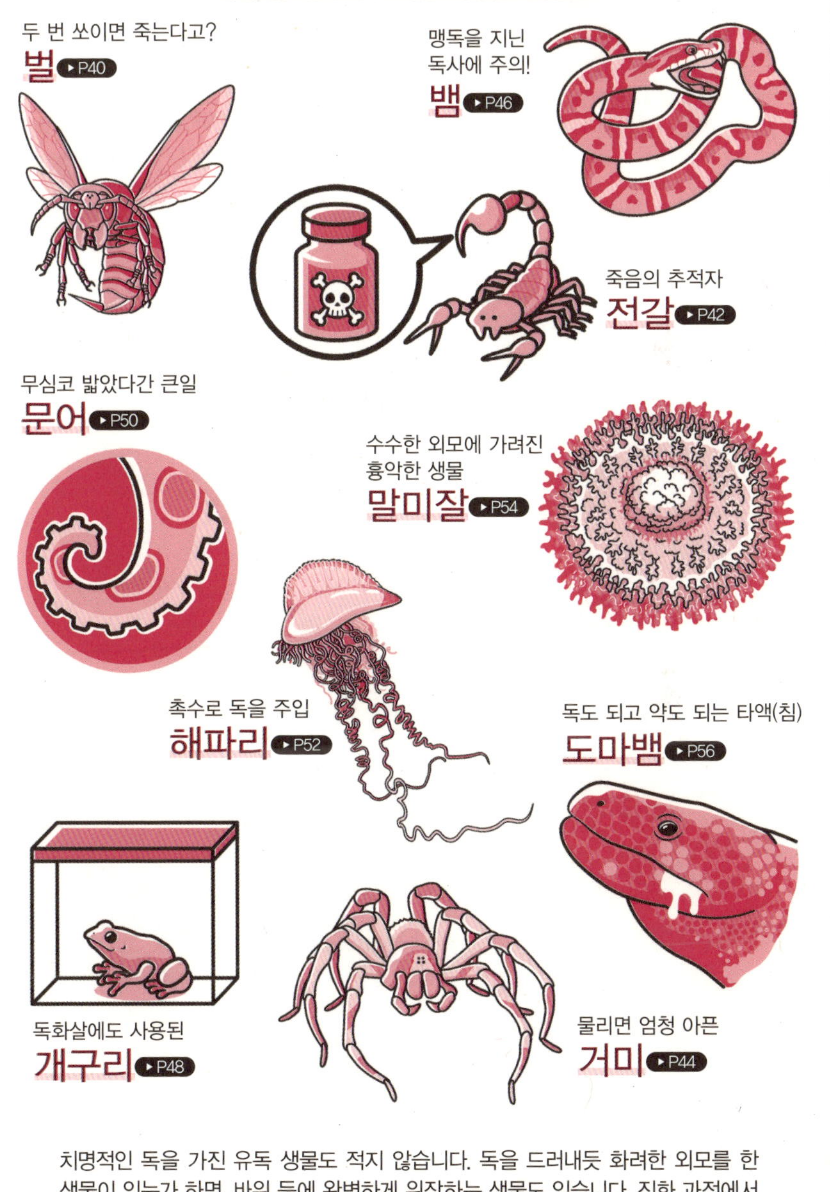

치명적인 독을 가진 유독 생물도 적지 않습니다. 독을 드러내듯 화려한 외모를 한 생물이 있는가 하면, 바위 등에 완벽하게 위장하는 생물도 있습니다. 진화 과정에서 생겨난 '생존 전략'이라고도 할 수 있는 생물의 독, 그 특징을 함께 살펴보겠습니다.

마약

인체에 막대한 영향을 미치는
위험 약물 ▶P118

최악의 마약!
헤로인 ▶P124

밀수가 판을 치는
메스암페타민
(필로폰) ▶P122

옛날엔 콜라에도
들어갔다고?!
코카인 ▶P120

위험하다는 것을 알면서도 왜 사람들은 마약의 포로가 되는 것일까?

환경 속의 독

공해 물질로 지목된
석면 ▶P78　다이옥신 ▶P80
수은 ▶P84

일산화탄소 ▶P82　이산화탄소 ▶P86
배기가스 ▶P90　화산가스 ▶P92

비를 맞으면 대머리가 된다?!
산성비 ▶P94

흡연하지 않아도 가차없지!
니코틴 ▶P88

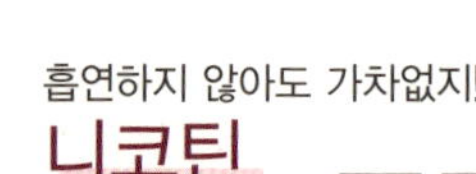

우리를 둘러싼 환경에 숨겨진 독. 자신도 모르는 사이에 우리 몸이 독에 침식당하고 있을지도 모릅니다.

음식물의 독

나도 모르게 과다 섭취하게 되어 무서운
카페인
▶ P100
알코올
▶ P102

조미료에도 치사량이 있다!
소금
▶ P98

예상치 못한 질병 리스크가 있는
마가린
▶ P108
가공육
▶ P110

먹거리 독소계의 끝판왕
복어
▶ P106

생각보다 싹이 위험하다!
감자
▶ P104

실제로 몸에 해로울까?
탄 음식
▶ P112

누구에게나 익숙한 음식물이기 때문에, 오히려 '다 알고 있다'고 착각하고 있지는 않나요? 실제로 어떤 위험이 있는지 제대로 알고, 건강 리스크를 줄여나갑시다.

 # 전 세계의 독성 물질에 대해 더 자세히 알아봅시다!

차례

제1장 꼭 알아야할 독에 관한 기초 지식

제3장 아름다운 꽃에 치명적인 위험이 도사린 식물의 독

제4장 숨쉬기만 해도 무분별하게 유입되는 성가신 환경 독소

제5장 누구에게나 친숙한 음식과 음료 속의 독

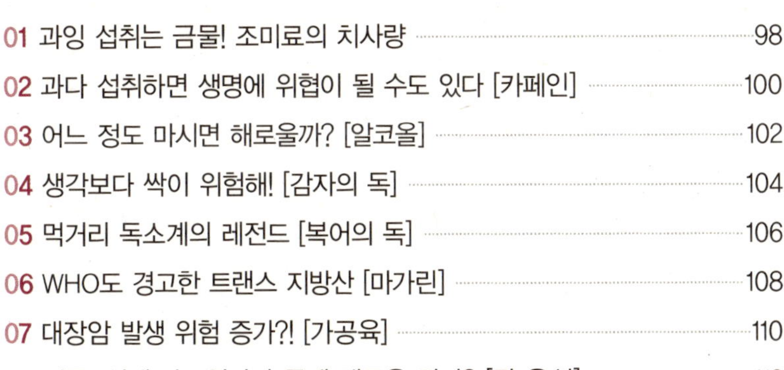

※ 이 책에서는 미생물 등을 비롯하여 어류나 양서류, 파충류, 조류, 포유류 등의 동물을 통칭하여 '생물'이라고 표기했습니다.

꼭 알아야할
독에 관한 기초 지식

독의 정의와 종류, 작용 원리를 배우며
그 위험성과 대책을 이해하기 위한 기초를
설명합니다.

독과 약은 정말로 같은 것일까?

사용법을 그르치면 약도 독이 된다

몸에 해를 끼치는 독과 건강을 조절하고 회복시키는 약. 정반대인 것처럼 보이지만, 사실 독과 약 사이에 명확한 구분은 없습니다. 독성만 있는 물질이나 좋은 효과만 있는 물질은 존재하지 않으며, **모든 것은 독이 될 수도 약이 될 수도 있습니다**.

예를 들어 마약으로 잘 알려진 모르핀은 메스꺼움과 졸음을 유발하고, 의존성이 매우 높은 위험한 물질입니다. 그러나 의료 현장에서는 마취제로 사용되며 극심한 통증을 완화하는 효과가 있습니다. 이처럼 사용법과 복용량의 차이에 따라 작용은 크게 달라집니다.

이보다 훨씬 우리에게 친숙한 것도 마찬가지입니다. 인간이 살아가는 데 꼭 필요한 물도 적당한 양을 섭취하면 건강을 유지하는 데 도움이 되지만, 너무 많이 마시면 오히려 병이 생길 수도 있습니다. 식후에 한 잔씩 마시는 커피 역시 단순히 맛이나 향을 즐기거나 졸음을 깨우는 용도로 이용할 수 있지만, 커피에 들어 있는 카페인을 과도하게 섭취할 경우 최악의 경우 생명을 위협할 수도 있는 독이 될 수도있습니다. 또한 약에도 부작용이라는 바람직하지 않은 작용이 존재합니다.

평소에는 독이라고 생각하지 않고 먹는 음식이나 약이라도, 용법과 용량을 지키지 않으면 몸에 해를 끼치는 원흉이 됩니다.. 일상생활에서도 충분히 주의하는 편이 좋습니다.

독인지 약인지는 사용법에 따라 달라진다

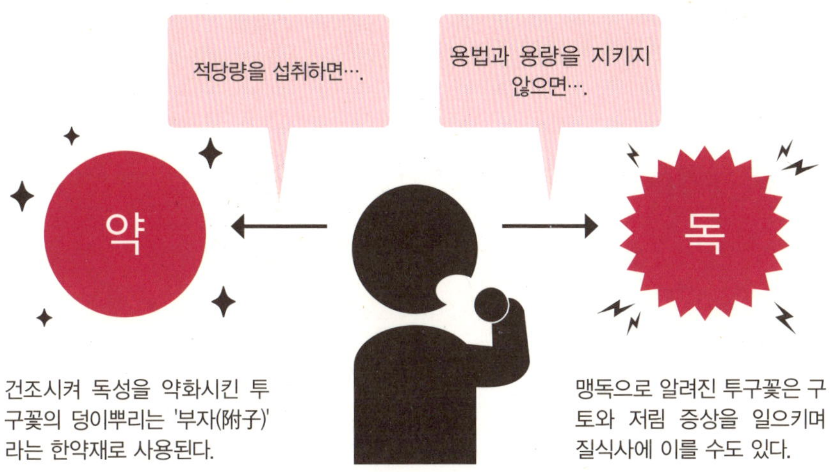

건조시켜 독성을 약화시킨 투구꽃의 덩이뿌리는 '부자(附子)'라는 한약재로 사용된다.

맹독으로 알려진 투구꽃은 구토와 저림 증상을 일으키며 질식사에 이를 수도 있다.

독으로서의 작용과 약으로서의 작용

약으로서의 작용	↔	독으로서의 작용
극심한 통증을 완화한다.	모르핀	메스꺼움과 졸음 등을 유발한다. 의존성이 높다.
일부 백혈병 치료에 응용된다.	아비산	피부염, 신경 장애, 신장 기능 장애 등을 유발한다.
인플루엔자 증상을 완화한다.	타미플루	메스꺼움, 설사, 갑작스러운 이상 행동, 돌연사 등을 유발한다.

독에는 '천연독'과 인간이 만든 '인공독'이 있다

독의 유래는 두 종류

독은 그 유래에 따라 천연독과 인공독으로 분류할 수 있습니다. **천연독은 자연계에 존재하는 독을 말합니다.** 구체적으로는 식물, 동물, 미생물, 광물에 내재된 독을 가리킵니다. 독초나 수은 등이 그 대표적인 예입니다. 천연독의 경우에는 생물에서 유래했는지 여부에 따라 다시 세분하기도 합니다.

영어에는 이러한 분류를 나타내는 용어가 있는데, 먼저 천연독과 인공독을 구분하지 않고 독 전반을 가리키는 Poison(포이즌), 그중에서 생물 유래의 독을 뜻하는 Toxin(톡신), 그리고 다시 그 중에서 동물이 가진 독샘에서 분비되는 독을 가리키는 Venom(베놈)이 있습니다.

인공독은 인간이 만들어낸 독을 말합니다. 공업용 도료나 식물을 말라 죽게 하는 농약, 무기로 개발된 독가스 등이 이에 해당하며, 원래 자연계에 존재하지 않았던 물질입니다. 특히 독가스와 같은 화학무기는 전쟁에 사용되면서 막대한 피해를 입혔습니다(32~33쪽). 현재는 "화학 무기 금지 협약"에 따라 화학 무기의 개발, 생산, 저장, 사용 등 모든 관련 활동이 금지되어 있습니다.

이처럼 '독'이라고 한마디로 말하지만, 다양한 종류가 있습니다. 유래가 다른 독은 각각 사용 목적도 다릅니다. 생물이 자신을 보호하기 위해 활용하는 것도 있고, 인간이 일상생활이나 전쟁을 목적으로 만들어낸 것도 있습니다.

'천연독'과 '인공독'의 차이

천연독

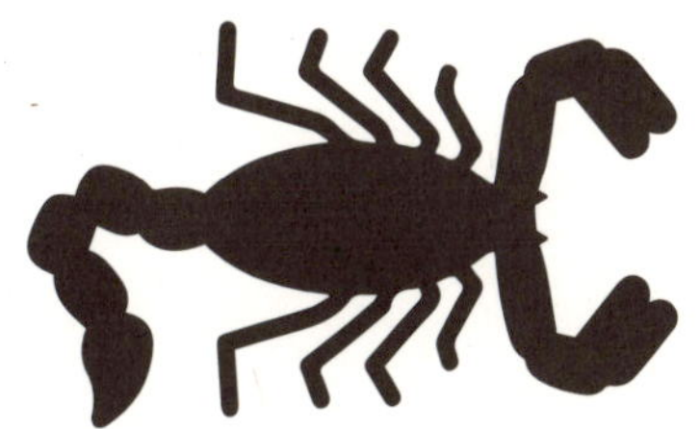

원래 자연계에 존재하는 독을 말한다. 그중에서도 식물 유래인지, 동물 유래인지, 미생물 유래인지, 더 나아가 광물 유래인지 등으로 분류된다.

인공독

인간이 만들어낸, 자연계에 존재하지 않았던 독으로, 산업의 발전이나 전쟁과 함께 생겨났다.

천연독과 인공독의 예

천연독

식물독

독초, 미생물

독버섯, 세균

동물독

뱀

복어

광물독

황비철석(비소), 수은

※ 버섯은 균류에 속하며, 미생물에 포함되기 한다.

기타 등등

인공독

공업독

사염화탄소

독가스

사린, 염소 가스

농약

제초제, 살충제

기타 등등

체내에서 다양한 증상이!
독의 6가지 주요 분류

독에 따라 인체에 미치는 영향이 달라진다

앞에서는 독을 유래에 따라 분류했지만, 인체에 나타나는 반응에 따라 분류할 수도 있습니다. 그 종류는 크게 여섯 가지로 나눌 수 있습니다. 첫 번째는 '실질 독'입니다. **섭취하면 장기를 직접 손상시키는 것이 특징입니다.** 독 중에는 작용하는 장기가 정해져 있는 경우도 있습니다.

두 번째는 '혈액독'입니다. 혈액에 작용하여 혈액 응고를 방해하거나 헤모글로빈과 결합해 적혈구가 전신에 산소를 운반하는 것을 방해합니다.

세 번째는 '신경독'입니다. 신경계에 작용하여 해당 생물의 움직임을 제한합니다. 마비나 착란을 일으키는 것이 특징입니다

네 번째는 '발암독'입니다. 암세포의 생성을 활성화시키는 작용이 있습니다.

다섯 번째인 '부식독'은 몸에 닿으면 그 부분이 짓무르는 독입니다. 수은이나 황산 등이 이에 해당하며, **취급할 때 맨살에 닿지 않도록 세심한 주의를 기울여야 합니다.**

여섯 번째 '지연 독'은 독의 증상이 나타나기까지 상당한 시간이 걸립니다. 또한 섭취한 본인에게는 영향이 없지만, 임신 중인 경우 태아에게 영향을 미치는 독도 있습니다.

독이 어느 부위에 작용하는지, **얼마만에 증상이 나타나는지에 따라 대처 방법도 달라지므로,** 섭취했을 경우에는 그 종류를 정확히 파악하는 것이 중요합니다.

인체에 나타나는 반응으로 분류하는 독의 종류

실질 독

비소, 카드뮴, 일부 버섯의 독 등

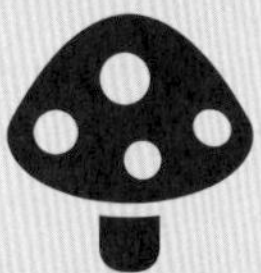

체내에서 흡수된 후, 직접 장기를 손상시킨다. 작용하는 장기가 정해진 경우도 있다.

혈액독

살무사, 하브뱀, 거미의 독 등

혈액에 작용한다. 피를 잘 굳지 않게 하거나, 헤모글로빈과 결합하여 적혈구가 온몸에 산소를 운반하는 것을 방해한다.

신경독

전갈, 코브라, 복어의 독 등

신경계에 작용한다. 마비나 심부전, 호흡 곤란, 착란을 유발한다.

발암 독

구운 생선의 탄 부분, 고사리의 쓴맛 성분 등

암세포의 생성을 활성화한다. 새로운 암세포를 만드는 이니시에이터와 세포의 발암을 가속화하는 프로모터가 있다.

부식독

황산, 수은 등

접촉 부위의 세포나 조직을 파괴하여 피부를 짓무르게 한다. 화상을 입은 것처럼 되는 경우가 많으며, 통증 등을 동반한다.

지연독

탈리도마이드 등

섭취한 본인에게는 영향이 없으나, 임신 중일 경우 태아에 영향을 미치거나 오랜 세월이 지나 증상이 나타나는 경우도 있다.

그 독은 어디에서 왔나? 침입 경로에 따라 달라지는 효과

독이 들어오는 방식에도 여러 가지가 있다

독이 체내로 들어오는 경로는 여러 가지가 있으며, 그 경로에 따라 독의 작용 방식이 달라집니다. 우선, **가장 가능성이 높은 것은 입을 통해 침입하는 것입니다.** 독이 포함된 것을 먹거나 마심으로써 체내로 들어갑니다. 이 경우 독이 작용하는 특정 부위에 도달할 때까지 증상이 나타나지 않는 경우가 대부분입니다. 독은 체내에 들어가면 소화관에서 흡수되어 혈액과 함께 전신을 순환하며 표적 부위에 도달합니다. 이때, 소화 과정을 거치면서 독성이 약해지기도 하지만, 오히려 소화로 인해 독성이 더 강해질 수도 있습니다.

다음으로 눈이나 코를 통해 침입하는 것입니다. 가스처럼 기체에 독이 녹아 있는 경우, 이를 흡입하거나 눈에 스며들어 체내로 침입합니다. 또한 주사를 통한 침입도 있습니다. 주사기로 독을 주입하는 것 외에도 벌에 쏘여 독이 몸에 퍼지는 경우도 있을 수 있습니다. 주사에는 정맥주사와 근육주사가 있는데, **정맥주사의 경우 혈액에 직접 독이 흘러들어 특정 부위로 운반되기 때문에 효과가 빠릅니다.** 반면 근육 주사는 천천히 효과가 나타납니다.

그뿐만 아니라 **접촉한 부위에서 독을 흡수해 버리는 경우도 있습니다.** 이 경우 피부가 헐거나 가려움증이 생기는 등 증상이 바로 나타나는 경우가 많습니다.

독의 침입 경로

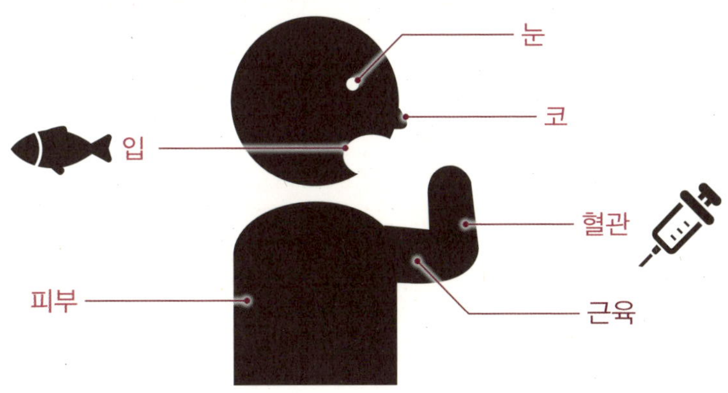

가스가 눈에 자극을 주거나 코를 통해 흡입되는 경우뿐만 아니라, 입으로 독을 섭취하거나 피부에 독이 접촉하는 경우도 있을 수 있습니다. 또한 물리거나 쏘이는 경우, 혹은 수액 주사나 정맥 주사, 근육 주사를 통해 혈관을 거쳐 직접 체내로 침입하는 경우도 있습니다.

입으로 침입한 경우의 독이 듣는 방식

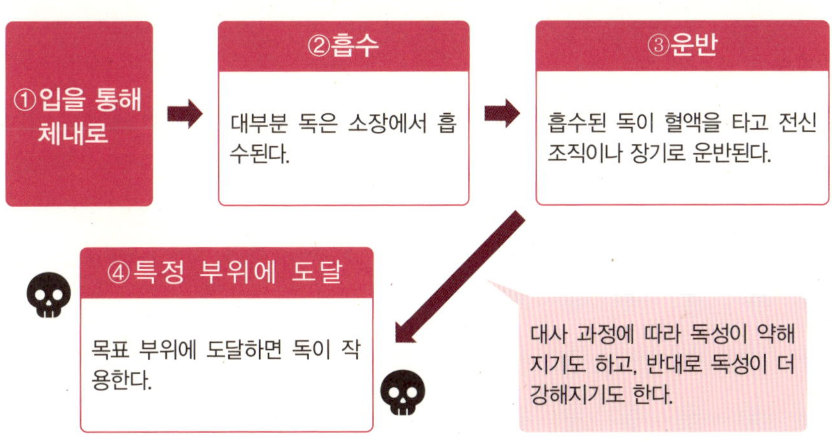

지상 최강의 독은?
독의 강도를 판단하는 기준

독의 강도를 나타내는 지표

독에는 수많은 종류가 있으며, 각각 작용도 다릅니다. 이러한 독들의 세기를 알기 쉽게 나타내는 지표로 LD_{50}(반수치사량)이 있습니다. LD_{50}은 **독을 얼마나 섭취하면 그 절반이 사망에 이르는가에 대한 추정값입니다.** 일반적으로 실험 동물에 독을 소량으로 시작해 점차 양을 늘려 투여하고, 그에 따른 생사 결과를 그래프로 정리해 계산합니다. 그 단위는 통상 mg/kg로, 체중 1kg당 독의 중량입니다. 이 수치가 작을수록 소량으로도 큰 효과가 있는 것이므로 독이 강하다고 할 수 있습니다.

지상 최강의 독으로 알려진 것 중 하나가 보툴리누스균이 생성하는 독입니다. 이 균이 만들어내는 보툴리눔 톡신 A의 추정 LD_{50}은 0.0000011mg/kg으로, 이론적으로는 단 1g만으로도 약 1,500만 명 이상의 사람을 치명적 위험에 빠뜨릴 수 있을 정도의 맹독입니다.

간혹 꿀 등에 극히 소량으로 이 균이 들어 가는 경우도 있는데, 이를 섭취하더라도 성인의 경우 장내에 존재하는 세균 때문에 보툴리누스균이 증식하기 어려워 보통은 특별한 영향이 나타나지 않습니다.

반면, 영아의 경우에는 장내 세균 활동이 아직 충분하지 않으므로, 보툴리누스균이 포함될 수 있는 벌꿀을 섭취하는 것은 위험할 수 있습니다. 이처럼 강력한 보툴리눔 톡신 A는 미용 의료 분야에서 주름을 개선하는 보톡스 시술에도 활용되고 있습니다.

LD$_{50}$ 읽는 법

청산가리의 LD$_{50}$

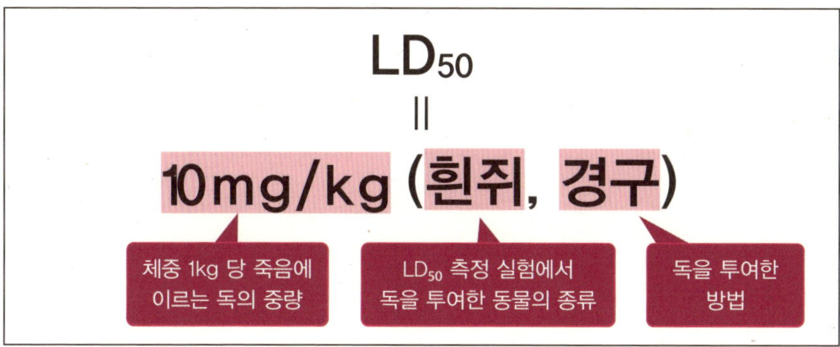

이 경우, 체중 1kg당 10mg의 청산가리(시안화칼륨)를 경구 투여한 흰쥐 100마리 중 절반인 50마리가 사망할 가능성이 있다는 의미가 된다.

최강의 독을 만들어 내는 '보툴리누스균'

보툴리누스균은 산소를 싫어한다. 평소에는 산소가 없는 환경에서 잠복하고, 조건이 갖추어지면 증식한다.

미용 의료 분야에서는 근육의 긴장을 완화시켜 주름을 개선하는 '보톡스' 시술에 이 독소가 활용된다.

보툴리누스균이 생성하는 독소 보툴리눔 톡신 A의 LD$_{50}$는 0.0000011mg/kg이며, 세상에서 가장 강력한 독성 물질로 알려져 있다.

오음(誤飮)·오식(誤食)·오용(誤用)
해마다 발생하는 중독 사고 순위

중독 사고는 식중독이 압도적으로 많다

독이 원인인 증상을 총칭하여 '중독'이라고 하며, 이러한 상태에 빠지는 사고가 매년 많이 발생하고 있습니다. 가장 흔한 것은 식사로 인해 일어나는 식중독입니다.

그중에서도 **발생 건수가 가장 많은 것은 기생충인 아니사키스에 의한 식중독입니다.** 아니사키스는 생 어패류에 기생하며, 회와 같은 익히지 않은 어패류 요리를 먹고 식중독에 걸리는 사례가 많이 보고되고 있습니다. 손질할 때 아니사키스가 기생할 수 있는 내장을 신속히 제거하는 것이 중요합니다. 또한 아나사키스는 영하 20℃ 이하에서 하루 이상 냉동하거나 충분히 가열하면 사멸한다는 점도 알아두시기 바랍니다.

두 번째로 많은 것은 캄필로박터균에 의한 식중독입니다. 캄필로박터균은 닭·소·돼지 등 여러 가축이 보유하고 있는 세균으로, 고기가 충분히 가열되지 않았을 때 사람에게 감염될 수 있습니다. 감염 후 몇 주 뒤, **마비나 호흡곤란 증상이 나타나는 '길랑–바레 증후군'을 일으키기도 합니다.**

세 번째로 많은 것은 노로바이러스에 의한 식중독입니다. 노로바이러스 감염자가 조리한 음식을 먹고 감염되는 경우가 최근 들어 증가하고 있습니다. **이러한 식중독은 식재료의 취급 및 전처리에 주의함으로써 어느 정도 예방할 수 있습니다.** 올바른 식재료 처리로 건강을 지킵시다.

2023년 원인별 식중독 발생 건수

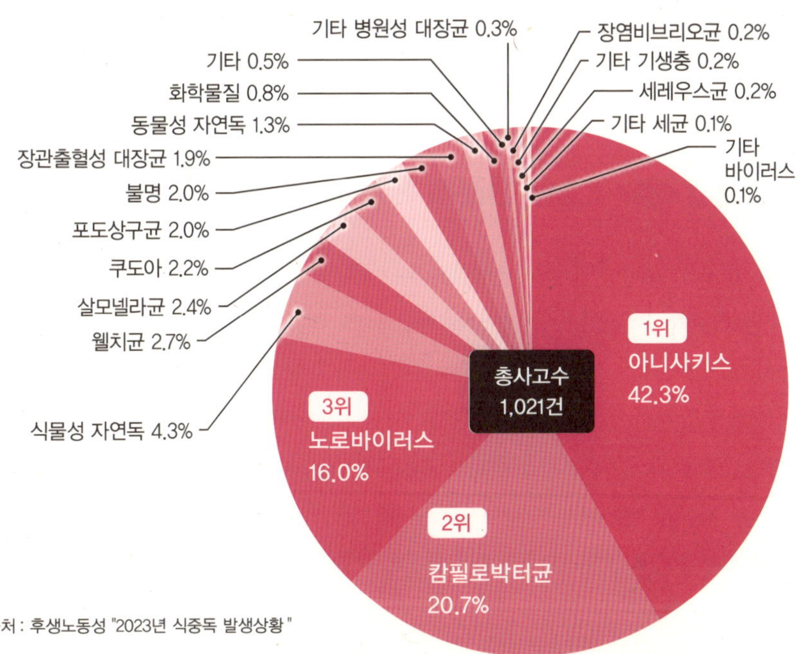

출처 : 후생노동성 "2023년 식중독 발생상황"

식중독을 예방하려면?

아니사키스

- 신선한 어패류는 조리 시 내장을 즉시 제거한다.
- −20℃ 이하로 냉동하거나 충분히 가열해 조리한다.

노로바이러스

- 식재료 중심부까지 충분히 가열한다.
- 손 씻기와 소독을 철저히 한다.
- 식품을 직접 만질 때는 일회용 장갑을 착용한다.

캄필로박터균

- 육류는 중심부를 75℃ 이상에서 1분 이상 가열하여, 속까지 충분히 익힌다.
- 육류용과 그 외의 것들로 조리 기구를 구분하여 사용한다.
- 육류를 다룬 조리 기구는 철저히 세척·살균하고, 자신의 손도 씻는다.

식중독의 원인이 되는 세균과 바이러스, 어떻게 다를까?

세균과 바이러스는 완전히 다른 존재

앞에서 식중독에 대해 설명했는데, 그 원인이 되는 세균과 바이러스는 비슷해 보여도 사실은 완전히 다른 존재입니다.

세균은 인간과 같은 '생물'에 속합니다. 그리고 생물의 조건인 ① 외부와 막으로 구분되어 있다는 점, ② 대사를 수행한다는 점, ③ 자신을 복제하는 기능을 가진다는 점을 모두 충족합니다. 세균에 감염되는 방식에는 두 가지 패턴이 있습니다. 하나는 세균이 체내에서 증식하여 독소를 방출하는 패턴이고, 다른 하나는 이미 증식한 세균의 독소가 체내로 침투하는 패턴입니다.

세균에 감염된 경우에는 일반적으로 항생제를 투여해 치료합니다. 그러나 항생제에 내성을 지닌 세균도 점점 늘어나고 있어, 치료가 점점 더 어려워지고 있는 것이 현재 상황입니다.

한편, **바이러스는 생물이 아닙니다.** 그러나 감염되면 체내에서 자신의 복제본을 만들어 증식하고, 세포를 파괴하면서 다른 세포들까지 차례로 감염시켜 나갑니다. **바이러스는 세균과 달리 일반적으로 항생제가 듣지 않고, 주된 대처 방법은 백신 접종입니다.** 최근 들어 아직 소수지만 항바이러스제가 개발되면서 관련 연구가 활발히 진행되고 있습니다.

세균과 바이러스는 모두 감염을 일으킨다는 점에서는 같지만, 증식 방식과 대처 방법은 서로 다릅니다.

세균 감염과 중독 증상을 일으키는 패턴

체내 증식 패턴

음식 등에 잠복해 있던 세균이 체내로 들어와 특정 조직이나 기관에서 증식하며 독소를 분비해 중독 증상이 나타낸다.

체외 증식 패턴

음식물 내에서 이미 증식된 세균을 먹게 되면, 세균이 생성해놓은 독소로 인해 중독 증상이 나타난다.

바이러스의 증식 과정

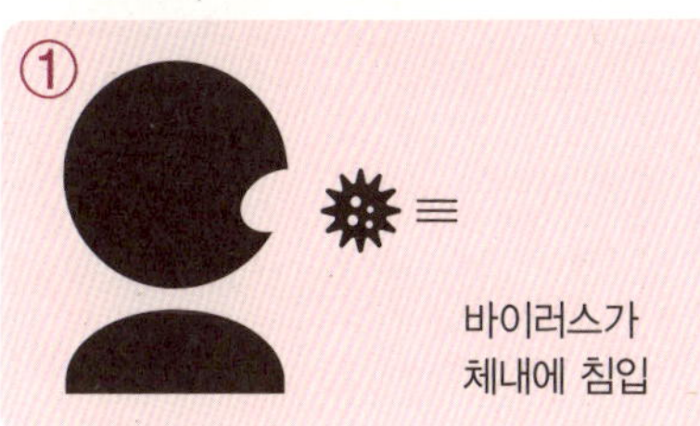

지나치게 청결한 생활은 오히려 몸에 좋지 않다!?

어느 정도의 비위생은 면역적으로 필요하다

최근 신종 코로나바이러스가 맹위를 떨친 탓에 일상적으로 항균·살균을 철저히 하는 사람을 많이 볼 수 있습니다. 일반적으로 주변을 항상 청결하게 유지하는 것이 좋아 보이지만, 면역력 측면에서는 반드시 좋은 것만은 아닙니다. **오히려 지나치게 청결하면 과도한 알레르기 반응을 일으키는 경우도 있습니다.**

세균이나 바이러스, 기생충 등은 인간에게 질병의 원인이 되지만, 적절한 수준으로 이들과 접촉하면 면역 체계가 단련되어 긍정적인 효과를 가져오는 것도 사실입니다.

지나치게 깨끗한 환경에서만 생활하면, 이들과 접촉할 기회가 줄어들어 면역 체계가 충분히 형성되지 않습니다. 이런 상태에서는 병원균이나 알레르기 원인 물질에 노출되었을 때 과민한 면역 반응을 보이기 쉬워집니다.

또한, 인간의 건강에도 미생물의 존재가 필수적입니다. 체내에는 수많은 미생물이 존재하며, 우리와 공생하고 있습니다. 과도하게 청결한 상태를 유지하려다가 유익한 미생물마저 없애버리면, 오히려 건강을 해칠 수 있습니다.

청결은 무조건 철저히 지킨다고 되는 문제가 아닙니다. 오히려 **어느 정도의 더러움은 신경 쓰지 않는 편이 나을지도 모릅니다.** 지나치지 않게 적당한 수준의 청결을 유지하도록 의식해 봅니다.

지나치게 청결하면 면역이 생기지 않는다

극단적으로 청결한 환경에만 있으면 세균이나 바이러스, 알레르기 유발 물질에 민감해져서 몸에 심한 반응이 나타날 수도 있다! 어느 정도의 더러움은 신경 쓰지 않아야 그에 대한 면역력이 생긴다?!

어느 정도 청결하면 될까?

손 씻기를 너무 신경질적으로 할 필요는 없다. 귀가했을 때나 식사 전, 화장실 사용 후 등 필요한 때에만 해도 충분하다.

소독액이나 살균 젤 등은 손을 씻을 수 없는 때 대용으로 사용한다. 병용하는 것은 지나칠 수도 있다.

화학무기로 사용되는 위험한 독

사람을 위협하는 매우 위험한 독가스

독은 오래전부터 화학무기로 만들어져 전쟁에서 사용되어 왔습니다. 독이 처음으로 전쟁에 사용된 사례는 기원전 595년에 일어난 제1차 신성 전쟁입니다. 크리스마스 로즈라는 식물의 독을 강에 풀어, 하류에서 강물을 마시는 적군을 괴롭혔습니다. 이후 **시대가 흐르며 독가스가 개발되었고, 제1차 세계대전에서 대대적으로 사용되기에 이르렀습니다.**

독가스는 크게 4가지 종류로 나뉩니다. 먼저 첫 번째가 '신경 작용제'입니다. 이는 신경계에 작용하는 독가스로, 들이마시면 근육이 경련을 일으키고 호흡 곤란에 빠집니다. 극도로 독성이 강하며, 또한 무색이고 냄새도 맛도 없기 때문에 살포되어도 알아차리기 어렵습니다. **'1995년 도쿄 지하철 사린 사건'에서 사용된 사린이 바로 이 신경 작용제에 해당합니다.**

두 번째는 '질식 작용제'입니다. 호흡기계에 작용하는 것으로 염소가스가 대표적인 예입니다. 염소가스는 황록색을 띠며 자극성 냄새가 납니다. 흡입하면 눈물과 콧물이 나는 것은 물론 폐렴이나 폐수종을 일으켜 호흡곤란으로 사망에 이를 수 있습니다. 세 번째는 '혈액 작용제'입니다. 체내로 흡수되면 혈액 속 헤모글로빈과 결합하여 세포 호흡을 방해합니다. 청산가스(시안화 수소)는 이러한 종류 중 하나입니다. 네 번째는 '수포 작용제'입니다. 주요 증상으로는 접촉한 부위의 피부가 헐게 되며, 겨자가스가 그 대표적인 예입니다. 겨자가스를 흡입할 경우 암 발생률을 높일 위험이 있습니다.

독가스는 크게 4종류로 분류된다

신경 작용제

특징 경계에 작용한다.근육을 경련시키고 호흡곤란을 유발한다. 독성이 강하다.

대표 예 사린

질식 작용제

특징 호흡기계에 작용한다. 질식 증상을 유발한다.

대표 예 염소가스

혈액 작용제

특징 혈액 속 헤모글로빈과 결합하여 세포 호흡을 방해한다.

대표 예 청산가스

수포 작용제

특징 피부를 궤양화시킨다, 즉 헐게 만든다.

대표 예 겨자가스

독가스의 개발 및 사용은 세계적으로 금지!

제네바 의정서

독가스를 비롯한 화학 무기 및 세균학적 수단의 전쟁 사용 금지에 관한 의정서

생물 무기 금지 협약(BWC: Biological Weapons Convention)

생물 무기의 개발, 생산, 저장 또는 보유를 금지할 뿐만 아니라, 기존 생물 무기를 폐기하도록 규정한 국제조약이다.

화학 무기 금지 협약(CWC: Chemical Weapons Convention)

화학무기의 개발, 생산, 비축 및 사용을 전면적으로 금지하는 한편, 미국과 러시아 등 각국이 보유한 화학무기를 일정 기간(원칙적으로 10년 이내) 안에 전량 폐기하도록 규정한 국제 조약이다.

"이건…!" 청산가리인지 맛을 봐서 확인해도 될까?

독에 관한 가짜 정보에는 주의가 필요!

SNS에 떠도는 정보 중에는 독과 관련된 내용도 많이 존재합니다. 예를 들어, 사건 현장에 있는 하얀 가루가 청산가리인지 핥아서 확인한다는 게시물을 본 적 있지 않나요? 이는 실제로 절대 해서는 안 되는 행동입니다. **청산가리**(KCN, 시안화 칼륨)**는 극소량으로도 위험한 맹독입니다.** 이를 섭취하면 위산과 반응하여 시안화 수소(HCN)라는 가스(청산가스)를 발생시키는데, 이 가스는 매우 강한 독성을 지니며, 두통이나 어지러움을 일으키고, 중증의 경우 경련이나 호흡 곤란을 유발하여 사망에 이를 수도 있습니다. 따라서 절대로 혀로 맛을 보거나 확인해서는 안 됩니다.

또한 **독버섯에 관한 잘못된 정보가 SNS에서 많이 퍼져 있습니다.** 화려한 색의 버섯은 위험하다고 흔히 말하지만, 뉴스에도 자주 등장하는 화경버섯은 차분한 색에 수수한 겉모습을 하고 있습니다. 즉, 색만으로는 독이 있는지 없는지를 판단할 수 없습니다. 또한 갓자루가 세로로 찢어지면 먹을 수 있는 버섯이라는 주장도 근거 없는 속설입니다. 실제로 갓자루가 세로로 찢어지는 독버섯도 존재합니다. 독버섯에 관해서는 이런 경우라면 안전하다고 단정할 수 있는 기준이 없으며, **전문가의 판단에 맡기는 것이 가장 안전하고 확실한 방법입니다.**

SNS를 통해 이러한 가짜 정보가 많이 퍼지고 있으니, 인터넷 상의 정보를 그대로 믿지 말고 정말로 올바른 정보인지 제대로 판단하는 것이 중요합니다.

독극물을 핥아서 확인해선 안 된다

청산가리는 소량이라도 위험한 맹독이다. 핥으면 즉사할 수도 있다.

특징

- 청산가스는 아몬드 냄새와 비슷하다고도 알려진 특유의 냄새가 난다.
- 청산가스는 시안화합물에 속하며, 담배 연기나 자동차 배기가스, 생아몬드, 과일의 씨앗 등 우리 주변의 일상적인 것들에도 극미량 포함되어 있다.

독버섯에 관한 잘못된 정보

색이 화려하면 독버섯이다?

색이 화려한 식용 버섯이나 반대로 수수한 모양의 독버섯도 있다.

자루가 세로로 찢어지는 버섯은 먹을 수 있다?

독버섯을 포함해 많은 버섯은 자루가 세로로 찢어진다.

가지와 함께 끓이면 독이 사라진다?

독은 사라지지 않는다. 종류에 따라서는 조리 방법이나 음식의 조합에 따라 성질이 변하는 것도 있다.

벌레 먹은 흔적이 있는 버섯은 안전하다?

독버섯에도 벌레는 붙는다. 독이 벌레에게는 작용하지 않더라도, 사람에게 작용하는 경우가 있다.

로마 제국이 멸망한 건 독 때문이었다?!

고대 유럽에서 번영했던 로마 제국. 그 멸망 원인 중 하나가 납이었다는 설이 있습니다. 납은 부드럽고 가공하기 쉬운 금속으로, 로마 제국에서는 매우 유용한 자원으로 널리 이용되었습니다.

예를 들어, 아세트산이 생성되어 시큼해진 와인을 납으로 만든 냄비에 넣고 끓여 단맛을 냈습니다. 이 과정에서 와인 속의 아세트산과 납이 반응해 아세트산납이라는 화합물이 생성됩니다. 아세트산납은 색이 없고 단맛을 지닌 수용성 화합물로, '연당(아세트산납)'이라고도 불립니다. 게다가 당시에는 와인 잔 역시 납으로 만들어졌기 때문에, 납의 섭취를 피할 수 없었습니다. 이렇게 일상생활에서 납이 체내에 점차 축적되는 상황은 충분히 상상할 수 있습니다.

납이 체내에 다량으로 축적되면 중독 증상으로 인해 마비나 정신 장애가 나타납니다. 로마 사람들은 일상적으로 납을 다량으로 섭취하고 있었기 때문에 어떤 증상이 나타났다 해도 이상하지 않습니다. 그래서 납 중독이 로마 제국이 멸망한 원인 중 하나가 아닐까 추정하는 것입니다.

예전에는 이처럼 납의 독성이 알려지지 않았습니다. 하지만, 현대에는 그 지식이 널리 퍼져 일상생활에서 유해한 정도의 납을 섭취하게 되는 경우는 없습니다.

만지거나 자극하면 큰코다치는 생물의 독

생물이 지닌 독의 진화 이유와 위험성, 마주쳤을 때의 주의점과 대응책을 상세히 소개합니다.

독을 지닌 데는 이유가 있다! 독을 이용한 생물의 생존 전략

독은 생존을 위한 무기

지구에 생명이 탄생한 이래 수많은 생물 종이 출현했습니다. 하지만 그 모두가 오늘날까지 살아남은 것은 아닙니다. 진화의 역사를 보면 환경에 적응한 종만이 살아남았고, 적응하지 못한 종은 사라져갔습니다. 이를 '적자생존'이라고 합니다.

생물이 지닌 독은 이러한 생존 전략의 일환으로 볼 수 있습니다. 인간이 두뇌를 발달시켜 지성을 무기 삼아 문명을 일구며 살아남았듯이, 일부 생물에게는 독이 생존의 무기가 되었을 것입니다.

그렇다면 이 생물들은 독을 구체적으로 **어떤 용도와 목적으로 사용하고 있을까요? 크게 보면 독의 용도는 '공격(포식)'과 '방어' 두 가지로 나눌 수 있습니다.** 예를 들어 거미나 전갈, 뱀의 독은 사냥감을 약화시키기 위한 독입니다. 또한 자신보다 강한 상위 포식자에 맞서기 위한 반격 수단으로도 활용됩니다. 이처럼 공격을 목적으로 독을 사용하는 생물은 대부분 침이나 송곳니와 같은 특수한 기관을 갖추고 있습니다.

한편 복어나 개구리의 독은 주로 자신을 보호하기 위한 독입니다. 설령 **자신이 먹혀도 포식자 종이 이를 학습하면 동료나 자손은 포식을 피할 수 있습니다.** 즉 개체가 희생되더라도 종이 존속한다면 진화 상으로는 승자일 것입니다.

생물이 독을 가지는 2가지 이유

공격(포식)을 위해

사냥감을 죽이거나 약화시키기 위한 독. 송곳니나 발톱 등을 이용해 상대의 몸속에 독을 주입한다.

방어를 위해

포식자로부터 몸을 보호하기 위한 독. 몸속이나 표면에 독이 있어, 피식(被食, 잡아먹힘)을 모면한다.

복어 독은 먹이사슬을 통해 축적된 것

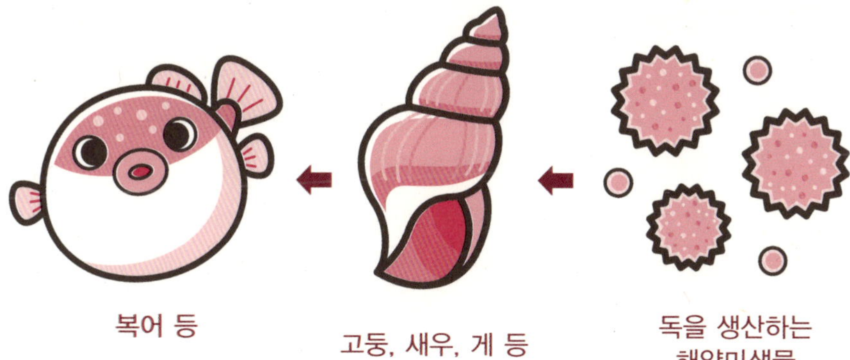

복어 독(테트로도톡신)은 복어의 체내에서 생성된 것이 아니다. 바다 속 미생물이 생성하고 그 미생물을 섭취한 고둥 등을 다시 복어가 먹음으로써 체내에 축적되는 것이다.

두 번 쏘이면 죽는다고…?
[벌의 독]

벌독 알레르기가 있는 사람은 매우 위험

우리 주변에서 볼 수 있는 위험한 생물의 대표적인 예로는 말벌류를 들 수 있습니다. 한눈에 보기에도 흉악해 보이는 얼굴에, 외모에 뒤지지 않는 난폭한 공격성, 무엇보다 무서운 것은 쏘이면 생명까지 위협받을 수 있는 독침 공격입니다.

한 마리당 독성은 그렇게 강하지 않지만, 말벌 독의 무서운 점은 두 번째 이후에 쏘였을 때 **아나필락시스 쇼크가 발생할 가능성이 있다**는 것입니다. 아나필락시스 쇼크는 알레르기 반응의 일종으로, 벌독 알레르기가 있는 경우에는 호흡 곤란이나 의식 장애 등을 일으켜 생명이 위험해질 수도 있습니다. 말벌에 쏘였을 땐 알레르기 반응을 억제하는 항히스타민 연고 등을 바르고, 서둘러 병원에서 치료받는 것이 좋습니다.

말벌이 특히 공격적으로 변하는 시기는 여름에서 가을에 걸친 7~11월 무렵입니다. 이 기간은 바로 새끼를 키우는 번식 시즌이기 때문입니다. 검은색, 향수나 화장품 냄새, 급격히 움직이는 물체에 매우 민감하게 반응하니 각별히 주의해야 합니다. 말벌은 벌집 가까이 다가가면 턱을 '딱딱'거리며 소리 내어 위협하는데, 명백한 경고 신호이므로 조용히 뒤로 물러나 벌집로부터 최소 20m 이상 거리를 확보하세요.

하지만 말벌이 아무 이유 없이 공격하는 것은 아닙니다. 벌집에 다가오는 대상을 위협하려는 것이 목적이므로, 활동기에는 벌집에 근처에 다가가지 않는 것이 상책입니다.

말벌의 특징

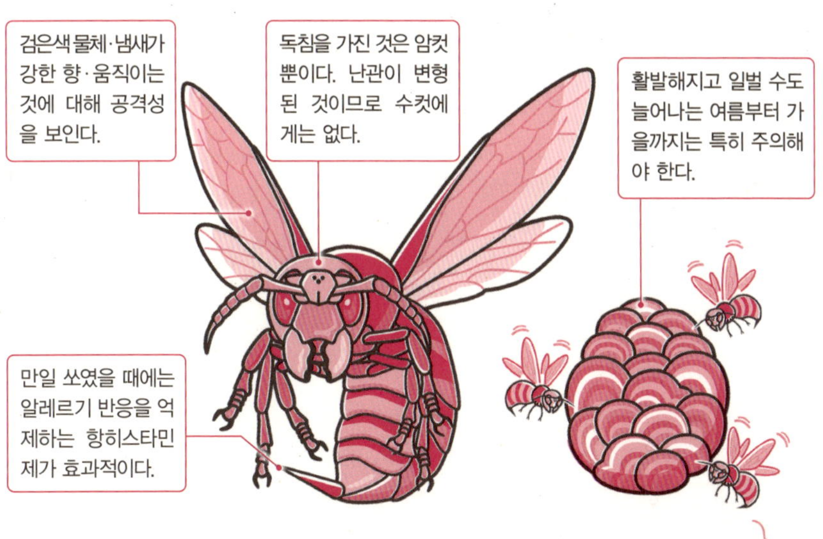

꿀벌과 말벌 독침의 차이점

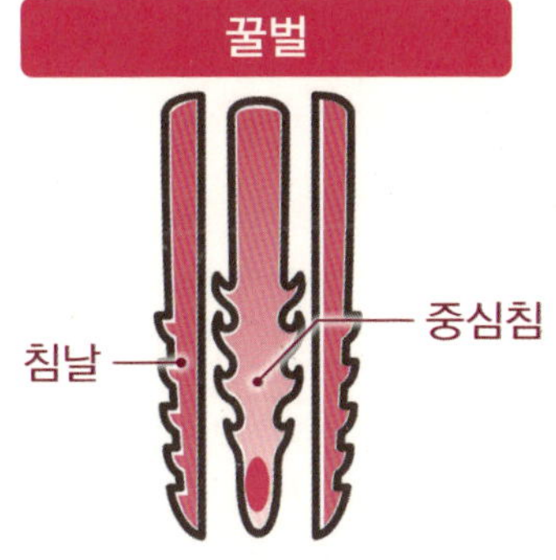

침날을 앞뒤로 움직이면서 상대의 피부 깊숙이 뚫고 들어가고, 중심침을 통해 독을 주입한다.

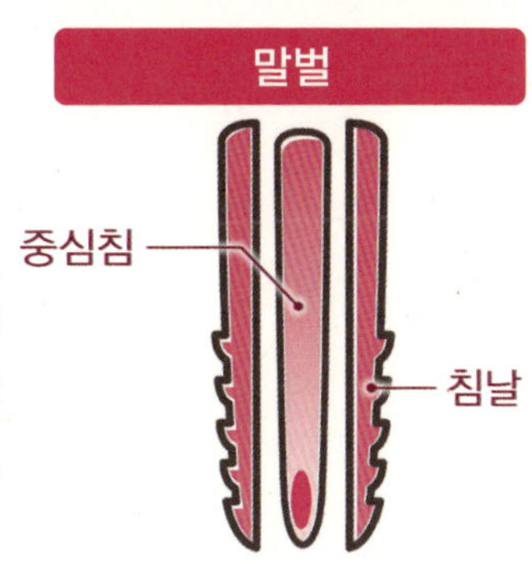

침에 갈고리가 있어, 상대를 쏘고 나면 독주머니나 내장 일부가 침과 함께 몸에서 빠져나가 결국 죽는다.

침에 갈고리가 달려 있지 않아, 상대를 몇 번이고 반복해서 쏠 수 있다.

초희귀! 팔면 큰 돈이 될 수도 있다 [전갈의 독]

소리 없이 다가오는 '죽음의 추적자'

전갈은 거미와 가까운 절지동물이지만, 거미와 달리 집게 모양의 앞다리와 독특한 꼬리를 가지고 있습니다. 긴 꼬리 끝에는 사냥감이나 적에게 독을 주입하는 독침이 달려 있습니다. 꼬리를 치켜세우고 독침을 겨누며 위협하는 모습은 정말 무시무시합니다. 유리 너머로 보고 있어도 절로 몸이 움츠러들 정도입니다.

데스스토커는 전갈 중에서도 특히 강력한 독을 가지고 있어, 서식지인 북아프리카에서 중동에 이르는 사막 지대 사람들에게 공포의 대상입니다. 성격은 매우 공격적입니다. 독침에 찔리면 목이 경직되어 말을 할 수 없게 되고, 바로 호흡 곤란이나 근육 경련을 일으킵니다.

한 번에 주입하는 독의 양이 적기 때문에 성인이 목숨을 잃는 일은 드물지만, 어린이의 경우 60%가 사망에 이른다고 합니다. **이처럼 조용히 다가와 죽음을 가져다주기 때문에 '데스스토커**(Deathstalker, 죽음의 추적자)**'라 불리는 것**도 충분히 이해가 됩니다.

전갈의 독에는 다양한 성분이 포함되어 있으며, 그중에는 진통 작용이나 항균 작용을 지닌 물질도 존재합니다. 이러한 효능에 주목해, 의료 목적으로 활용하기 위한 연구가 진행되고 있습니다. **특히 데스스토커의 독에만 함유된 클로로톡신은 뇌종양 치료에 효과적일 수 있는 물질로 주목받고 있습니다.**

데스스토커의 특징

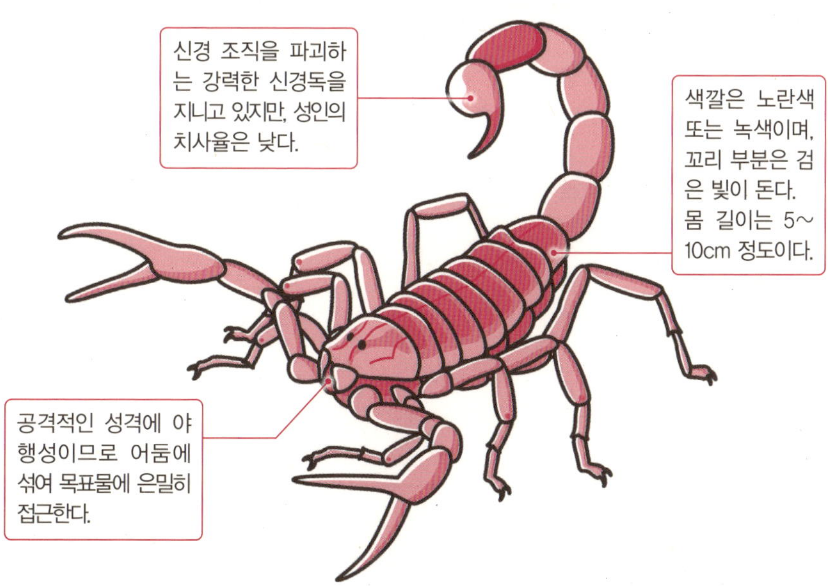

데스스토커의 독은 의료적 응용 가능성이 높아 매우 비싸다

데스스토커가 한 번에 내뿜는 독의 양은 2mg입니다. 이 독은 매우 귀하고 채취 과정이 시간이 많이 들기 때문에 고액으로 거래되며, 세계에서 가장 비싼 액체로 불립니다.

독은 약해도, 물리면 엄청 아프다! 타란툴라 [거미의 독]

한 마리의 독으로 80명의 목숨을 앗아갈 수 있는 맹독의 소유자

독거미라고 하면 타란툴라를 떠올리는 사람이 많을 것입니다. 털로 뒤덮인 몸과 굵은 다리는 보기만 해도 무섭고 공격성도 높아 보입니다. 그러나 **타란툴라의 독은 인간을 죽음에 이르게 할 만큼 강하지 않습니다**. 물리면 상당히 아프지만, 독성은 일반 벌독보다 약한 정도입니다. 따라서 타란툴라는 독을 사냥감을 죽이기 위해서가 아니라 약화시키기 위해 사용합니다.

그런 반면, 거미 중에는 실제로 강력한 독을 지닌 종류도 있습니다. **브라질방랑거미라고 들어 보셨나요? 기네스북에도 '세계에서 가장 강한 독거미'로 등재된 그야말로 최강의 독거미입니다.**

우리는 거미라고 하면 보통 처마 밑이나 나무 사이에 거미줄을 치는 모습을 떠올리기 쉽습니다. 그러나 브라질방랑거미는 거미줄을 치지 않고 돌아다니며 사냥하는 배회성 거미입니다. 실내에도 거리낌 없이 침입합니다. 이 거미의 독성은 한 마리가 지닌 소량의 독만으로도 80명 이상의 사람을 죽일 수 있을 정도라고 합니다. 또한 물릴 경우 25분 이내에 사망에 이른다고 알려져 있습니다.

다만, 이 종이 분포하는 브라질이나 아르헨티나 등 남미 지역에는 이미 혈청이 준비되어 있기 때문에, 현재는 거의 사망 사고가 발생하지 않는다고 합니다. 그렇다 하더라도, 여전히 무서운 존재임에는 틀림없습니다.

세계 최강의 독거미

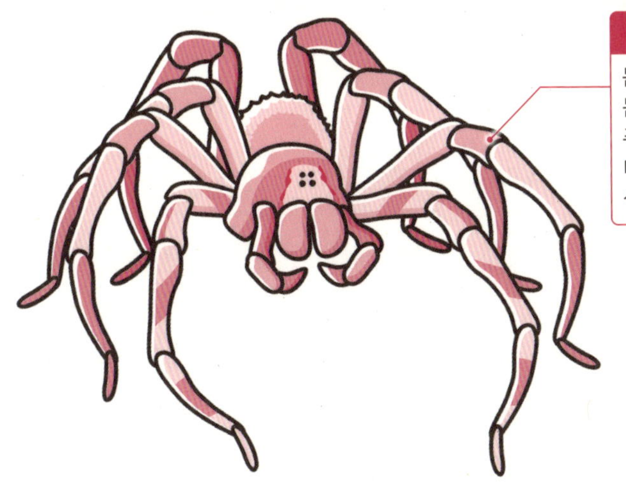

브라질방랑거미

몸길이는 5~8cm이다. 몸색은 검은색이며 입 주변만 붉은색이다. 남미의 열대 우림에서 서식한다.

주거 공간에 침입하는 것 외에도 바나나 속에 숨어 있는 경우도 있다. 물리면 생명이 위태로울 수 있지만, 서식 지역인 남미에는 항독소 혈청이 있어 최악의 사태에 이르는 경우는 드물다.

타란툴라에 물렸다면 춤추면 된다!?

타란텔라

이탈리아 남부 도시 타란토에서 유래한 것으로 알려진 무곡으로, 빠른 템포와 격렬한 춤사위가 특징이다.

이탈리아 타란토 인근에는 독거미에 물렸을 때 격렬하게 춤을 추면 독이 빠진다, 혹은 독의 고통 때문에 춤을 추다 죽는다고 하는 독거미 전설이 전해진 타란텔라(Tarantella)는 이 전설을 배경으로 한 무곡으로, 오늘날에도 결혼식 등에서 추어지고 있다. '타란툴라(Tarantula)'라는 이름의 유래 역시 이 전설에 바탕을 두고 있다.

'출혈독'과 '신경독', 두 가지 유형이 있다 [뱀의 독]

일본의 독사는 출혈독을 가진 것이 주류

독에는 다양한 종류가 있습니다. 그중 **독사가 가진 독은 크게 출혈독(혈액독)과 신경독 두 가지 유형으로 나뉩니다.** 출혈독은 적혈구를 파괴해 빈혈을 유발하거나, 출혈을 멈추는 혈액 응고 작용을 방해합니다. 빈혈이 진행되면 전신이 산소 부족에 빠져 죽게 되며, 출혈이 계속되면 과다 출혈로 사망하게 됩니다.

신경독은 신경에 직접 작용하는 유형의 독입니다. 몸의 저림, 근육 마비, 호흡 곤란과 같은 증상이 빠르게 나타나는 것이 특징입니다. 생물 독의 대표적인 예로 꼽히는 복어의 테트로도톡신 역시 신경독의 일종입니다.

독을 지닌 뱀 가운데 살무사과에 속하는 종들은 주로 출혈독을, 코브라과에 속하는 종들은 신경독을 지니고 있습니다.

일본에서 육지에 서식하는 독사 세 종류 중 마무시(일본의 살무사)와 하브뱀은 살무사과에 속하며, 유혈목이는 뱀과에 속합니다. 뱀과에 속하는 뱀의 대부분은 무독이지만, 유혈목이는 예외적으로 독을 지닌 종이므로 주의가 필요합니다.

한편, 난세이 제도 인근에 서식하는 넓은띠큰바다뱀은 코브라과에 속하며 신경독을 지니고 있습니다.

독사에 물렸을 경우에는 혈청 요법이 효과적이며, 이로 인해 사망 사례는 크게 줄어들고 있습니다. 다만, 유혈목이의 경우 물린 사례 수가 적은 탓도 있어, 전국적으로 혈청이 보관된 시설은 제한적입니다.

일본 3대 독사에 주의!

① 유혈목이

혼슈부터 규슈에 이르기까지 서식. 어금니 뿌리와 목덜미 부분 2곳에 독을 지니고 있다. 맹독을 가진 뱀이지만, 매우 겁이 많아서 자극하지 않으면 물리는 일도 없다.

② 마무시(살무사)

일본 전역에 분포한다. 온순한 성격이지만, 물리면 붓거나 피부 아래 출혈이 생긴다. 심한 경우에는 신부전을 일으킬 수도 있다. 굵고 짧은 몸통과 등에 있는 점박이 무늬가 특징이다.

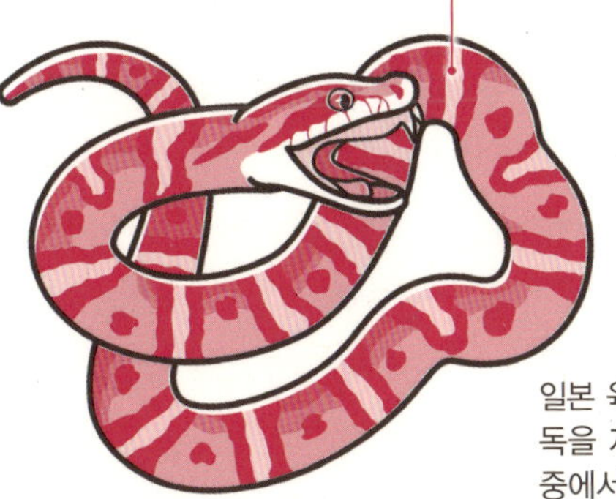

독이 강한 순위

1위 유혈목이
2위 마무시
3위 하브뱀

유혈목이의 독성은 마무시의 약 3배, 하브뱀의 약 10배. 반면 성격 면에서는 유혈목이가 가장 온순한 편이며, 하브뱀은 상당히 공격적이다.

③ 하브뱀(반시뱀)

오키나와와 아마미 제도에 서식하는 일본에서 가장 큰 독사. 밤에 활동하며 성격은 매우 공격적이다. 물리면 혈관과 근육 조직이 파괴되며, 근육 괴사가 일어나는 경우도 있다.

일본 육지에 분포하는 대표적인 여덟 종의 뱀 가운데, 독을 지닌 종은 마무시·하브뱀·유혈목이 세 종류. 이 중에서도 공격적인 성격이고 한 번에 주입하는 독의 양이 많은 하브뱀이 가장 위험하다.

화려한 색으로 '위험함'을 어필해요 [개구리의 독]

피부에서 분비되는 독은 독화살에도 사용되었다

독화살개구리 종류는 독성을 지닌 종으로 잘 알려져 있는데, 그중에서도 특히 위험한 것으로 꼽히는 것이 황금독화살개구리입니다. 이러한 이름은 중남미에 서식하던 이 개구리의 독을 원주민들이 독화살에 사용했던 데서 유래했습니다.

황금독화살개구리가 피부에서 배출하는 독은 '바트라코톡신'이라 불리며, 척추동물의 독 가운데 가장 강력합니다. 한 마리가 지닌 독의 양만으로도 성인 10명의 목숨을 앗아갈 수 있을 정도입니다. 독화살개구리는 크기가 작은 종이지만, 방심해서 손을 대면 큰일납니다.

독화살개구리과의 또 다른 특징으로는 **겉모습이 선명하고 화려한 색채를 띠고 있다는 점을 들 수 있습니다. 이는 '경고색(경계색)'이라고 불리는 것**으로, 독을 가진 생물이 포식자에게 "나를 잡아먹으면 큰 코 다칠 것이다" 라고 경고(어필)하는 의미가 있습니다.

흥미로운 점은 황금독화살개구리의 독이 스스로 체내에서 생성된 것이 아니라는 사실입니다. 정확한 메커니즘은 아직 밝혀지지 않았지만, 먹이로 섭취하는 곤충 등으로부터 독성 물질을 흡수해 체내에 축적하는 것으로 추측하고 있습니다. 그런 이유에서 장기간 사육할 경우 독성이 약해지기도 하고, 경우에 따라 아예 독성을 잃기도 합니다.

최강의 독을 가진 황금독화살개구리

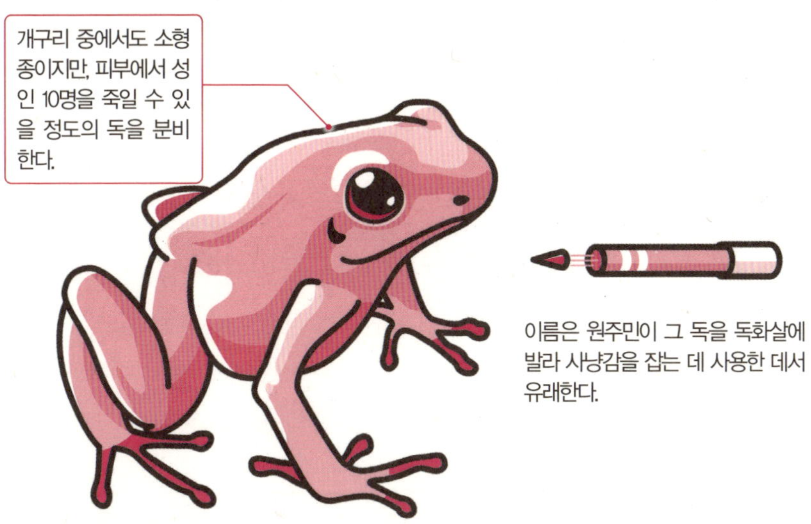

이름은 원주민이 그 독을 독화살에 발라 사냥감을 잡는 데 사용한 데서 유래한다.

집에서 기르면 독이 없어진다고?!

황금독화살개구리의 독은 먹이로 삼는 곤충 등에서 흡수된 것으로 여겨진다. 따라서 독을 지니지 않은 먹이로 사육되는 사육 환경에서는 독성이 사라진다.

푸른 반점은 위험 신호
[문어의 독]

위장한 걸 모르고 밟으면 큰일

문어라고 하면 먹물을 내뿜는 모습을 떠올리기 쉽지만, 문어의 많은 종이 독을 가지고 있기도 합니다. 그 대표적인 예가 바로 파란고리문어입니다. 일본에서는 사가미만 이남의 해역에 서식하고 있습니다. 주로 남태평양의 따뜻한 바다에 서식하지만, 지구온난화의 영향으로 한국 인근 바다에서 발견되는 경우도 있습니다.

파란고리문어는 몸길이가 약 10cm에 불과해 겉보기에는 작고 귀여운 문어처럼 보입니다. 그러나 이 문어가 위협적인 이유는 **복어와 같은 테트로도톡신이라는 맹독을 가지고 있기** 때문입니다. 먹이를 잡아먹을 때 부리(문어나 오징어가 가진 단단한 입 부분)로 물어뜯으면서 독이 든 타액을 흘려보내 상대를 마비시킵니다.

문어는 원래 위장에 능한 생물인데, 파란고리문어 역시 평소에는 바위나 해조류로 위장해 주변 환경에 녹아듭니다. 그러다 **적에게 습격당하거나 어떤 자극을 받으면, 이름의 유래가 된 표범 무늬를 파랗게 빛내며 위협하는** 것입니다. 이렇게 되면 완전히 공격 모드이니 물리지 않도록 조심해야 합니다. 바위 등으로 위장한 파란고리문어를 눈치채지 못하고 무심코 밟기라도 하면 큰일입니다. 독이 체내에 들어가면 전신 마비나 호흡곤란을 일으키며 심지어 목숨을 잃을 수도 있습니다.

맹독을 지닌 대신, 파란고리문어는 먹물을 뿜을 수 없습니다. 아마 모두가 두려워하는 독이라는 무기를 갖게 되면서, 굳이 도망치기 위해 먹물을 내뿜을 필요가 없어졌기 때문일지도 모릅니다.

복어와 같은 독을 가진 파란고리문어

표범 무늬를 파랗게 빛내며 위협한다

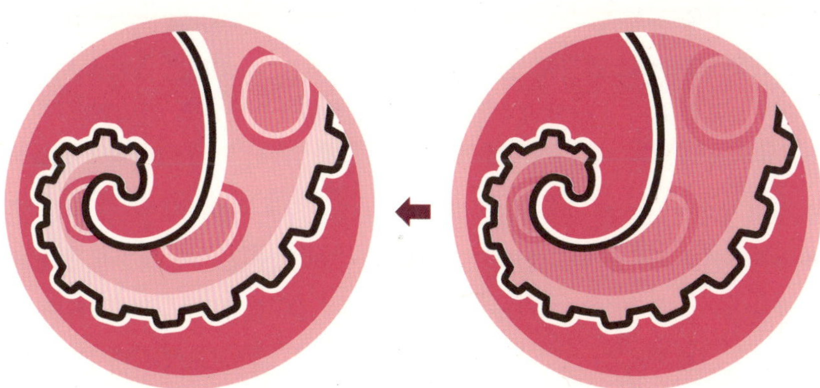

자극을 받으면 파란고리문어는 표범 무늬(고리 무늬)를 파랗게 발광시켜 공격 모드에 들어가는 것이 특징이다. 이 빛나는 표범 무늬는 방어형 독성 동물에서 흔히 볼 수 있는 일종의 경고색이다.

해파리에 쏘였을 때 식초를 뿌린다고? [해파리의 독]

촉수로 사냥감을 휘감아 독을 주입한다

해파리는 분류상 자포동물문에 속합니다. 자포란 독침을 지닌 캡슐 형태의 기관을 말하며, 촉수에 이러한 자포를 가진 동물을 자포동물이라고 합니다. 해파리 가운데서도 특히 맹독으로 알려진 종이 바로 작은부레관해파리(고깔해파리)입니다. **쏘이면 마치 전기 충격을 받은 듯한 통증이 느껴지기 때문에 '전기해파리'라는 별명도 있습니다.**

작은부레관해파리의 두드러진 특징 중 하나는 매우 길게 늘어지는 촉수입니다. 보통 10미터 안팎이며, 길게는 30미터를 넘기도 합니다. 먹잇감을 사냥할 때는 촉수로 상대를 휘감고, 자포의 독으로 적의 움직임을 마비시킵니다. 해파리라고 하면 물속을 헤엄치거나 천천히 이동하는 모습을 떠올리기 쉽지만, 부유낭을 지닌 작은부레관해파리는 잠수를 할 수 없어 수면 위를 둥둥 떠다닐 뿐입니다. 다만 위험을 느끼면 부유낭을 오그라뜨려 일시적으로 물속으로 몸을 가라앉힐 수 있습니다.

분포 지역은 온대와 열대의 따뜻한 바다입니다. 보통은 먼바다에 서식하지만, 바람에 떠밀려 해류를 타고 연안까지 이동하는 경우도 있습니다. 해수욕 중에 마주칠 수 있으므로 함부로 만지지 않도록 주의해야 합니다. 또한 해변에 떠밀려 온 말라붙은 개체라도, 습기로 인해 자포가 활성화될 수 있으므로 방심해서는 안 됩니다. **만약 쏘였을 경우에는 바닷물로 촉수나 자포를 씻어내세요. 민물이나 식초는 자포를 자극해 독을 방출할 수 있으므로 피해야 합니다.**

해변에도 있는 작은부레관해파리

표류 생활

스스로 능동적으로 움직이지 않고 바람이나 해류에 몸을 맡기는 형태로 이동한다.

부유낭

푸른색이나 분홍색, 보라색 등의 반투명한 부유낭이 있는 것이 특징이며, 그 길이는 약 10cm 정도이다.

독성

자포에는 강한 신경독이 있어서 접촉하게 되면 심한 통증을 느낀다. 심폐정지가 올 수도 있다!

촉수

촉수에는 '자포(刺胞)'라 불리는 독침이 있다. 해파리 가운데서도 가장 긴 편에 속하며, 최대 30미터에 이르기도 한다.

해파리의 독성 순위

1위 상자해파리
(Chironex fleckeri)

고작 3분 만에도 사망에 이르게 하는 지구상 최강 수준의 치명적인 독이 있으며, '살인 해파리'라는 별명이 있다.

2위 이루칸지 해파리
(Irukandji jellyfish)

1cm가 채 안 되는 작은 몸집이지만 강력한 독을 지니고 있다. 코브라보다 100배 이상 독성이 강하다는 주장도 있다.

3위 작은부레관해파리
(Physalia physalis)

쏘이는 순간 극심한 통증이 느껴지고, 심한 경우 아나필락시스 쇼크로 사망에 이를 수 있다.

4위 사자갈기해파리
(Cyanea capillata)

세계에서 가장 큰 해파리로, 쏘이면 극심한 통증에 시달리며 사망에 이르는 경우도 있다.

5위 하브해파리
(Chironex yamaguchii)

독사인 하브(살무사)에서 유래한 이름이다. 쏘이면 극심한 통증이나 쇼크 증상 등을 일으킨다.

바다에서 해파리에 쏘였을 경우, 촉수를 제거할 때 맨손으로 만지지 말 것. 또한 민물로 씻으면 독을 더 방출할 위험이 있으므로, 반드시 바닷물로 씻어내야 한다.

독침 주의! 쏘이면 심하게 부어요 [말미잘의 독]

수수한 외양이지만 위험한 생물

말미잘도 해파리와 마찬가지로 자포동물에 속하며, 그중 독성이 강력한 것으로는 운바치말미잘(Phyllodiscus semoni)이 있습니다. 몸 표면 전체가 1~2mm 크기의 자포구로 뒤덮여 있어 적에게 독을 주입합니다. 말벌에 쏘인 것처럼 극심한 통증이 느껴지기 때문에 **일본에서는 '바다 말벌'이라고 부르기도 합니다.**

크기는 지름이 약 10~20cm 정도로, 평소에는 바위나 산호 등에 붙어 있습니다. 말미잘은 **위장의 달인이기도 해서, 바위 자체나 혹은 바위에 붙어 있는 해초와 언뜻 구분이 되지 않습니다.** 그 때문에 해수욕이나 스노클링 도중에 무심코 만지거나 밟는 사고가 종종 발생하는데, 그러면 정말 큰일입니다.

독침에 쏘이면 불에 데인 듯한 극심한 통증이 몰려오고, 쏘인 부위가 심하게 부어오르며 고통이 따릅니다. 치사율은 매우 낮지만 독성이 워낙 강해 심할 경우에는 쏘인 부위가 괴사하거나 호흡 곤란에 빠질 수도 있습니다.

운바치말미잘에 쏘였을 때의 응급 처치 방법은 작은부레관해파리와 같습니다. 바닷물로 자포를 씻어내고 신속히 병원에서 치료를 받아야 합니다. 이때 민물이나 식초가 금물인 것도 작은부레관해파리에 쏘였을 때와 마찬가지입니다. 독이 나오는 자포를 최대한 자극하지 않는 것이 핵심입니다.

위장의 달인 밤 말미잘(운바치 말미잘)

바위나 해초로 위장하고 있어,
무심코 건드렸다가 쏘이게 된다.

쏘이면 환부를 바닷물로 씻는다

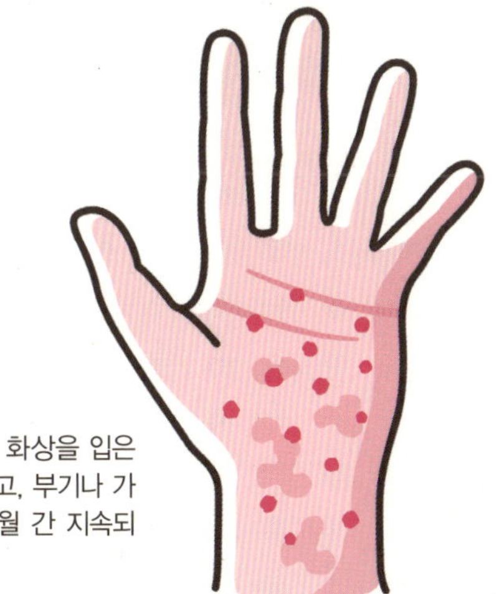

쏘인 상처는 화상을 입은 것처럼 변하고, 부기나 가려움이 수개월 간 지속되기도 한다.

환부를 민물이나 식초로 씻으면 자포를 자극하므로 위험. 바닷물로 씻어내도록 한다.

당뇨병 치료제의 원료가 돼요 [도마뱀의 독]

독도 되고 약도 되는 신비한 침

도마뱀은 파충류 중에서도 특히 종류가 많아 5,000종 이상에 달한다고 알려져 있습니다. 그중 **독이 있는 종은 신경독을 가진 독도마뱀과의 '아메리카독도마뱀'과 '멕시코독도마뱀', 그리고 출혈독을 가진 왕도마뱀과의 '코모도왕도마뱀' 등 단 3종 뿐입니다.** 여기서는 의료 분야에 공헌하고 있는 아메리카독도마뱀에 주목해 보고자 합니다.

아메리카독도마뱀의 서식지는 미국과 멕시코 북서부의 사막 지대입니다. 화려한 무늬와 통통하고 둔한 체형이 특징이며, 매우 겁이 많기로 유명합니다. 다른 동물이 가까이 오면 바위 틈새 등에 숨어, 지나갈 때까지 조용히 기다릴 정도입니다. 낮에는 대부분 바위 틈이나 땅속에서 잠을 자고 해가 지면 활동을 시작합니다. 활동하는 시간은 매우 짧아, 일생의 대부분을 땅속에서 보낸다고도 알려져 있습니다.

그런데, 그런 아메리카독도마뱀이 의료 분야에 공헌하고 있습니다. 대체 어떻게 된 일일까요? 사실은 이 도마뱀 **타액에 포함된 '엑센딘-4'라는 독 성분이 당뇨병 치료약으로 작용하는 효과가 있다**는 것이 밝혀졌습니다. 아메리카독도마뱀은 식전과 식후에 혈당치가 거의 변하지 않습니다. 즉, 타액에 혈당 상승을 억제하는 성분이 있다는 것입니다. 사냥감을 잡기 위한 도마뱀의 독이 인간의 질병 치료에 쓰일 수 있다니 놀라운 일입니다.

독은 있지만 겁이 많은 아메리카독도마뱀

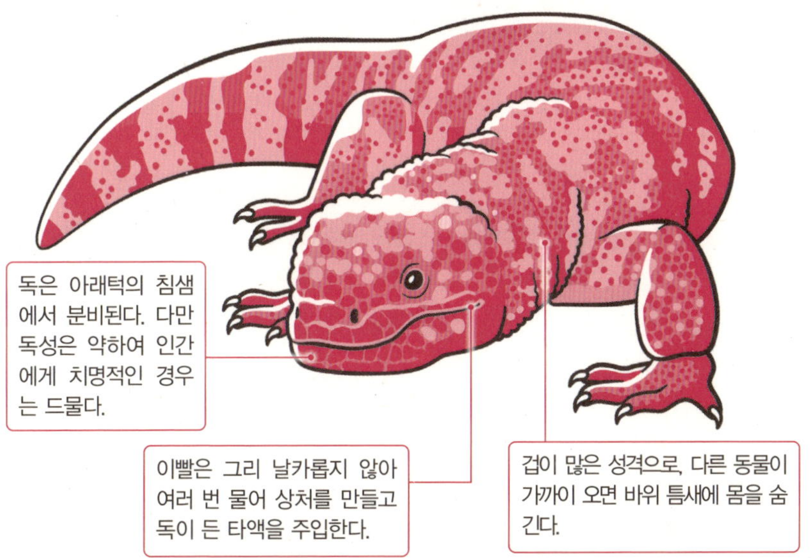

타액의 성분에서 당뇨병 치료약으로

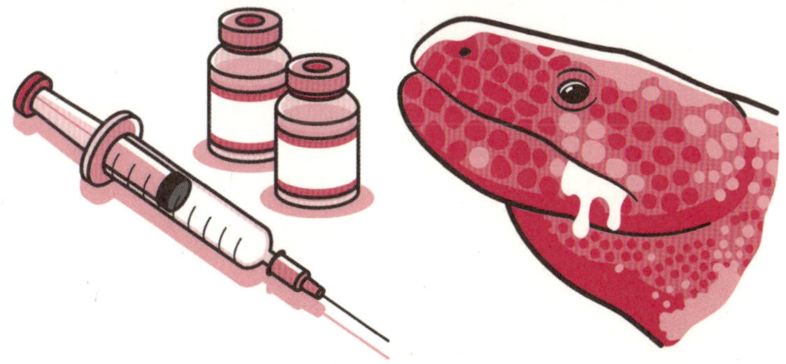

아메리카독도마뱀의 침에는 혈당 수치를 낮추는 작용을 하는 '엑센딘−4'라는 성분이 함유되어 있다. 실제로 이 독 성분을 바탕으로 '엑세나타이드(exenatide)'라는 주사제가 개발되어 의료 분야에서 이용되고 있다.

포유류 중에서도 매우 희귀한 독을 가진 생물들

　우리 인간과 같은 포유류에 속하는 생물 가운데에도 독을 지닌 종이 있습니다.

　포유류이면서도 오리를 닮은 독특한 생김새를 한 오리너구리 수컷은 뒷다리에 '박차(spur)'라고 불리는 며느리발톱 돌기가 있습니다. 이 박차의 끝부분으로 상대를 찌르고 독샘에서 분비되는 독을 주입합니다. 박차는 주로 수컷끼리의 싸움에 사용됩니다. 찔리면 통증이 심하지만, 인간이 이 독으로 죽을 정도는 아닌 것으로 알려져 있습니다.

　원숭이의 일종이며 느리게 움직이는 것이 특징인 늘보원숭이는 겨드랑이의 상완샘에서 분비되는 냄새나는 액체를 핥아 타액과 섞어 독액을 만듭니다. 늘보원숭이는 털을 손질하면서 이 독을 온몸에 발라 천적으로부터 몸을 보호합니다. 이 독의 위험성을 모르고 사람이 늘보원숭이의 털을 쓰다듬으면 아나필락시스 쇼크를 일으킬 수 있으므로 함부로 만지면 위험합니다.

　악취로 악명 높은 스컹크도 독을 가진 포유류입니다. 스컹크는 엉덩이에 있는 항문선에서 매우 강렬한 냄새의 독액을 분사합니다. 이 독액은 일주일이 지나도 냄새가 쉽게 사라지지 않을 만큼 강력하기 때문에 조심해야 합니다. 다만, 냄새에 둔감한 조류에게는 그다지 효과가 없다고 알려져 있습니다.

아름다운 꽃에 치명적인 위험이 도사린 식물의 독

아름다운 꽃에 숨어 있는 보이지 않는 위험. 주변에서도 쉽게 볼 수 있는 독성 식물의 놀라운 실태를 밝혀봅니다.

착각하면 대참사! 독성 식물 오용으로 인한 식중독

조금이라도 의심스러우면 먹지 않는다

식물 가운데에는 독성을 지닌 것들도 적지 않습니다. 더 골치 아픈 점은, 그중에는 식용 식물과 겉모습이 거의 구분되지 않는 것들도 있다는 사실입니다. 식용 식물에 관한 충분한 지식이 없다면, 실수로 먹게 될 위험이 큽니다. 실제로 독성 식물을 잘못 섭취해 식중독을 일으킨 사례는 매년 상당한 건수로 보고되고 있습니다.

독성 식물 오용을 예방하기 위한 첫걸음은 도감이나 앱만 보고 섣불리 판단하지 않는 것입니다. 얼핏 보기에는 같아 보여도, **어딘가 다르다는 느낌이 든다면 섭취를 삼가야 합니다.** 산나물 가운데에는 외형이 비슷한 독성 식물이 섞여 있을 가능성도 있습니다. 따라서 조리 전에 한 번 더 확인하고, 조금이라도 이상하다고 느껴지면 먹지 않는 것이 안전합니다.

또한 텃밭에서 유해한 원예식물을 함께 재배하거나 채취한 산나물을 이웃이나 지인과 나누는 일도 피하는 것이 바람직합니다. 경우에 따라서는 생명에 직결될 수 있으므로, 아무리 주의를 기울여도 지나치지 않습니다.

만약 **독성 식물을 먹은 뒤 몸 상태가 나빠졌다면, 즉시 구급차를 부르세요. 그 사이 가능한 한 먹은 것을 토해내도록 합니다.** 이는 독의 흡수를 줄이는 데 도움이 됩니다. 아울러 수분을 충분히 섭취하는 것도 중요합니다. 참고로 먹다 남은 식물이나 토사물을 보관해 두면, 이후 독 성분을 파악하는 데 중요한 단서가 될 수 있습니다.

잘못 먹기 쉬운 독성 식물

콜키쿰(Colchicum autumnale, 이누사프란)

원예식물이지만 맹독이 있다. 산마늘(명이나물)이나 비비추와 혼동하여 먹으면 구토, 설사, 호흡곤란 등이 발생하며, 중증일 경우 사망하는 사례도 있다. 유독 성분은 알칼로이드인 콜히친이다.

베라트룸(Veratrum oxysepalum, 박새)

고산 지대의 습지대 등에 자생한다. 큰비비추나 산마늘로 착각하기 쉽다. 섭취 후 30분~1시간 사이에 설사, 메스꺼움, 손발 저림 등의 증상이 나타난다. 유독 성분은 베라트룸계 알칼로이드이다.

독성 식물을 오용 사고의 상당수는 원예식물을 가정 채소밭에서 함께 재배하거나 산나물을 채취할 때 알아차리지 못한 채 함께 따오는 데서 발생합니다. 따라서 확실히 알고 있는 것 외에는 입에 대지 않는 것이 중요합니다.

독성 식물에 의한 식중독 발생 상황				
식물명	착각하기 쉬운 식용 식물의 예 (『자연 독소 위험성 분석 정보』에서 발췌)	사고 수	환자 수	사망 수
수선화	부추, 달래, 양파	74	237	1
감자	※ 햇빛을 받아 껍질이 연한 황록색 또는 녹색으로 변한 감자의 표면 부위, 싹이 돋아난 감자의 싹 및 그 밑동 부분 등은 먹지 않는다.	15	324	0
흰독말풀	우엉, 오크라, 신선초, 차조기	10	28	0
박새	큰비비추, 산마늘	22	45	0
알로카시아	토란	20	52	0
콜키쿰	비비추, 산마늘, 양파	22	28	13
투구꽃	남바람꽃, 단풍취	9	16	1
기타 (은방울꽃, 미국자리공, 관상용 조롱박 등)		45	79	2
불명		3	22	0
합계		220	831	17

일본 후생노동성 『과거 10년간 유독 식물로 인한 식중독 발생 현황』(2014년~2023년)

미스터리 작품의 단골 소재 [투구꽃의 독]

작품 속에서 유명한 독성 식물

투구꽃이라는 이름은 꽃의 모양이 병사가 쓰는 투구를 닮은 데서 유래합니다. 투구꽃이 가진 독은 추리 소설 같은 미스터리 작품에서 가장 흔히 등장하는 독 극물이기도 해서, 아마 그 이름만 들어도 대부분의 사람이 위험한 식물이라는 것을 금세 알아차릴 것입니다.

그런데 이름은 알아도 어떻게 생겼는지 떠올릴 수 있는 사람은 거의 없을 것입니다. 어렴풋이 아는 사람도 주의해야 할 점은 투구꽃과 닮은 식물이 많다는 사실입니다. 가을에 피는 보라색 꽃은 개성적이어서 헷갈릴 사람이 없지만, **잎만 보면 비슷한 식물이 상당히 많습니다.** 예를 들면 **남바람꽃이나 단풍취, 한방약 등에 쓰이는 쑥, 약초로서 지사제나 위장약으로도 사용되는 이질풀** 등이 비슷합니다.

식용 식물로 착각해 투구꽃을 먹게 되면 매우 위험합니다. '아코니틴'이라는 신경독이 몸을 마비시키고 복통과 경련, 호흡 곤란을 일으키며, 경우에 따라서는 사망할 수도 있습니다. 꽃가루와 꿀을 포함해 식물 전체에 독성이 있기 때문에, 벌꿀을 통해 중독을 일으키는 경우도 있습니다.

투구꽃의 독은 섭취 후 고작 10~20분 만에 증상이 나타날 만큼 빠르게 작용하며, 특별한 **해독제가 없기 때문에 실수로 먹었을 때는 억지로라도 토하게 하거나 위세척 외에는 대처법이 없습니다.** 게다가 독이 피부로도 흡수되기 때문에 절대 맨손으로 만져서도 안 됩니다.

독초의 대명사, 투구꽃

전체에 독이 있다

어느 부위를 취해도 독이 있지만, 덩이뿌리를 건조시켜 독성을 약화시킨 것은 오두나 '부자((附子)'라는 한약재로 쓰인다.

독화살에도 사용됐다

아이누족은 화살에 투구꽃 뿌리에서 추출한 독을 발라 곰 등을 사냥했다.

잎의 특징

투구꽃 잎은 표면에 광택이 있고 뒷면에는 솜털이 없다. 반면 쑥 잎은 뒷면이 희고 솜털로 덮여 있다.

일본의 3대 독성 식물은?

독미나리

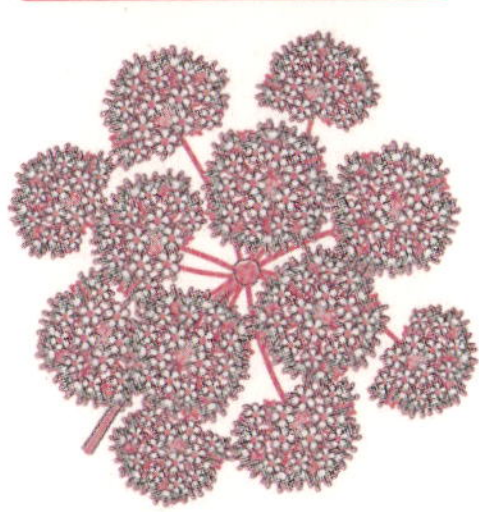

미나리보다 크지만, 미나리 같은 향은 없다. 독은 피부로도 흡수된다.

독공목(Coriaria japonica)

달콤하고 맛있어 보이는 빨간 열매를 맺지만, 매우 강한 독을 지니고 있다.

투구꽃

일본 3대 독성 식물

일본 3대 독성 식물로 불리는 독미나리, 독공목(Coriaria japonica), 투구꽃은 모두 신경독 성분을 지니고 있어, 잘못 먹으면 생명이 위험하므로 각별한 주의가 필요하다.

부추와 헷갈리기 쉬운 위험한 잎 [수선화의 독]

잘못 먹기 쉬운 식물 1위

가을에 심어서 봄에 꽃을 피우는 친숙한 수선화지만, **식중독 사고가 많이 일어나는 것으로도 유명합니다. 대부분 부추와 혼동해서 잘못 먹은 것이 원인입니다.**

부추는 먹으면 영양 보충과 피로 회복 효과가 있어 건강에 좋은 식물로 알려져 있습니다. 또한, 평소에도 식탁에 자주 오르기 때문에 누구나 익숙한 채소라고 할 수 있습니다. 그런데 왜 수선화와 혼동하게 되는 걸까요?

수선화라고 하면 노란색이나 흰색을 바탕으로 한 아름다운 꽃을 떠올리는 사람이 많지만, 실제로 문제가 되는 것은 잎으로, 이 잎이 부추의 잎과 생김새가 매우 흡사합니다.

수선화 잎을 자세히 보면 중앙이 약간 움푹 들어가 있습니다. 반면 부추 잎은 평평하고 폭이 조금 좁습니다. 하지만 **부추 사이에 수선화 잎이 섞여 있으면 구별하기가 매우 어렵습니다.**

오인 섭취를 피하려면 무엇보다도 수선화와 부추를 함께 재배하지 않는 것이 중요합니다. 또한 부추를 구입하거나 얻었을 때, 조금이라도 수상한 잎이 있으면 손으로 비벼 보세요. **부추 잎은 물론, 역시 수선화와 혼동되기 쉬운 달래 잎도 비비면 특유의 냄새가 납니다.** 헷갈릴 때는 꼭 확인해 보세요.

수선화 판별법

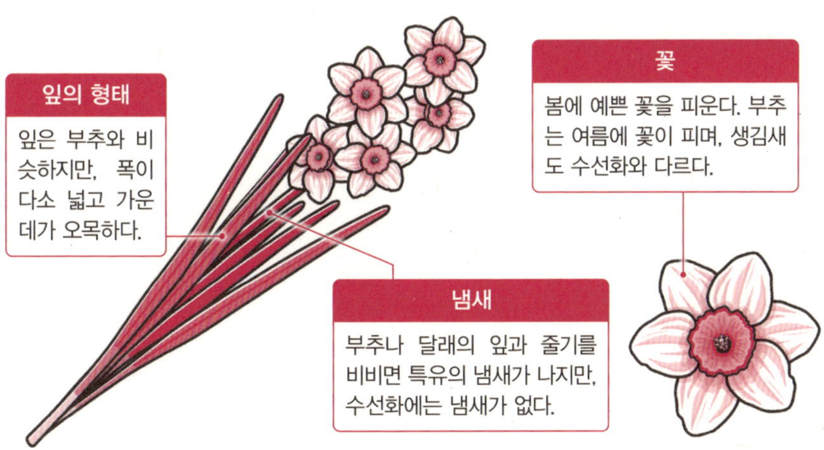

부추가 파과에 속하는 반면, 수선화는 수선화과 식물이며 꽃무릇(석산)과 마찬가지로 '리코린(Lycorine)' 등의 알칼로이드계 독성 물질을 지니고 있다.

부추를 먹을 때 확인해 보자

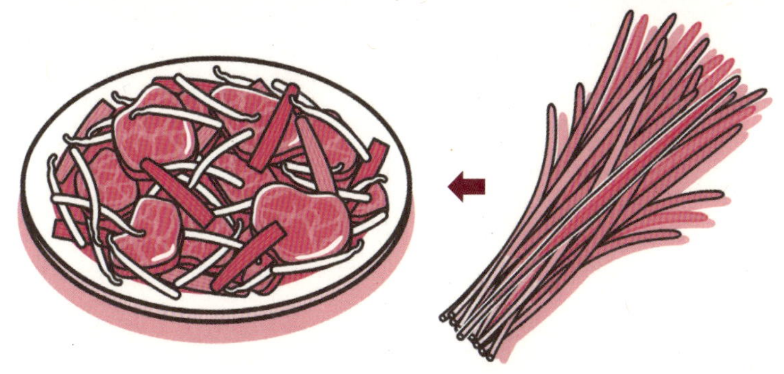

통계적으로도 수선화 오인 섭취 사고는 다른 식물에 비해 유독 많다. 일단 조리 후에는 식별이 거의 불가능하므로, 조리 전 단계에서 조금이라도 의심스럽다면 절대로 먹지 말아야 한다.

깻잎과 너무 닮은 위험한 잎 [수국의 독]

독을 가진 건 확실하지만 성분은 불명

우리가 주변에서 흔히 볼 수 있는 수국은 주로 태평양 연안에 자생하는 산수국을 원종으로 개량한 원예품종입니다. 산수국을 비롯한 수국속 식물 중에는 **독성을 지닌 종류가 있습니다. 다만 독성이 있다는 사실은 파악됐지만, 구체적인 성분이 무엇인지는 아직 완전히 규명되지 않았습니다.**

식물이 지닌 자연독 중에는 시안배당체(Cyanogenic glycosides, 청산배당체)가 있는데, 이를 섭취하면 체내에서 분해되면서 독성 물질인 시안화수소(청산)가 발생합니다. 수국에도 이 성분이 들어 있다는 것이 오랫동안 정설로 받아들여졌으나, 현재는 가능성 수준에 머물러 있습니다.

원예용으로 재배되는 수국 역시 어떤 형태로든 독성을 지니고 있는 것은 분명하며, 섭취할 경우 구토, 어지럼증, 안면 홍조 등의 중독 증상이 나타날 수 있습니다. 중증 사례는 보고되지 않았지만, 어린아이의 경우 좀 더 심각한 증상이 나타날 수 있으므로 각별한 주의가 필요합니다.

수국을 오인 섭취하는 사고는 주로 회나 요리에 장식용으로 사용된 잎을 무심코 먹는 경우에 발생합니다. **수국 잎은 깻잎(차조기)과 매우 흡사하게 생겼기 때문에, 실수로 요리에 장식으로 곁들이는 경우가 있습니다.** 독성 성분이 밝혀지지 않은 점도 있고 위험하므로, 수국 잎을 식탁에 올리는 일은 삼가도록 합시다.

정체불명의 독을 지닌 수국

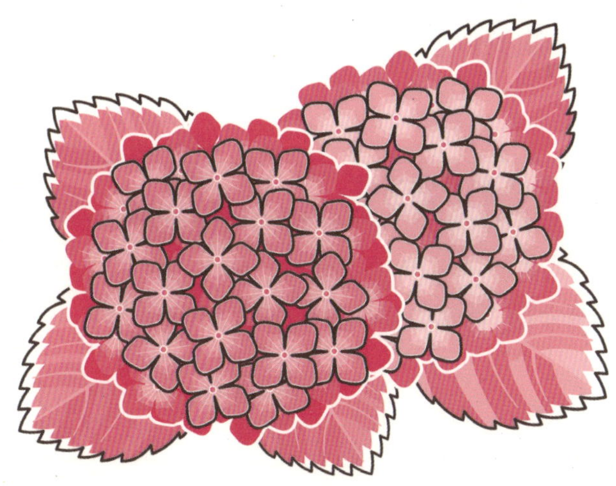

원예식물로 친숙한 수국이지만, 그 잎이 깻잎과 닮아 요리의 장식으로 식탁에 오르는 경우가 있다. 중증 사례는 없으나 독성 성분은 불명으로, 절대 섭취하지 않도록 주의하자.

감차로도 식중독이 일어난다고!?

꽃축제

일본 불교의 꽃축제에서는 참배객들이 아기 부처상에 감차를 부어 의식을 행한다.

감차(아마차)

말린 산수국(아마차) 잎을 달여 만든 차로, 단맛이 나며 약용으로도 마신다.

수국의 변종인 산수국(아마차)은 예로부터 음용과 약용 차로 이용되어 왔지만, 꽃축제에서 감차를 마신 어린이가 중독 증상을 호소한 사례도 여러 건 보고됐다.

쥐나 두더지 퇴치에도 쓰이는 [꽃무릇의 독]

죽음과 얽힌 수많은 별명을 가진 식물

꽃무릇은 일본에서 가을 피안, 즉 추분 무렵에 꽃을 피우기 때문에 '피안화'라고 불립니다. 또한 불교에서 유래한 '만주사화'를 비롯해, 1,000개가 넘는 이름을 가진 식물로도 알려져 있습니다. 그만큼 사람들 가까이에 있으면서, 눈길을 끄는 존재였다는 뜻이기도 합니다.

수많은 이름 중에는 특이한 것도 있지만, **죽음을 연상시키는 불길한 이름**이 유독 많은 편입니다. 이는 꽃이 추분 무렵에 피는 데다가 과거 두더지 같은 해수 피해를 막기 위해 무덤 주변에 심었던 풍습과도 관련이 있는 것으로 보입니다. 여기에 사람을 죽음에 이르게 할 수 있을 만큼 강력한 독을 지녔다는 점 역시 이러한 인식에 영향을 주었을 것입니다.

꽃무릇의 독은 '리코린'을 비롯한 알칼로이드계 신경독입니다. 이를 섭취하면 구역질이나 설사를 일으키며, 중증인 경우에는 중추신경이 마비되고 사망에 이를 수도 있습니다.

전체에 독이 있지만, 그중에서도 **양파를 닮은 구근에 강한 독성**을 가지고 있어 절대 먹어서는 안 됩니다. 또한, **잎이 부추나 달래와 비슷하게 생겨서 꽃이 지고 잎만 남았을 때 착각하고 잘못 먹는 경우가 있으니 주의**해야 합니다.

독 성분 중 일부는 기침을 가라앉히거나 통증을 완화하고 혈압을 낮추는 작용이 있어 의약용으로 구근을 활용하기도 하지만, 비전문가가 다루는 것은 금물입니다.

잎은 부추, 구근은 양파와 닮았다

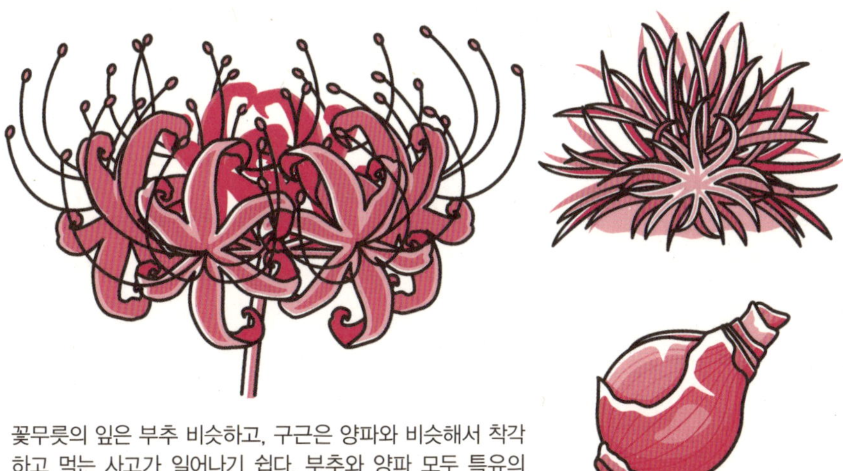

꽃무릇의 잎은 부추 비슷하고, 구근은 양파와 비슷해서 착각하고 먹는 사고가 일어나기 쉽다. 부추와 양파 모두 특유의 냄새가 나므로 이를 판단 기준으로 삼으면 좋다.

왜 무덤 근처에 피는 걸까?

아직 매장이 일반적이던 시절 유해 야생동물에 의한 시신 훼손을 막기 위한 대책으로 심었다. 무덤 근처에 꽃무릇이 자주 피어 있는 것도 그 흔적이다.

만져도, 냄새도 위험, 섭취는 치명적! 붉은사슴뿔버섯의 독

치사량이 불과 3g인 극도로 위험한 버섯

불꽃 같은 모습이 특징으로 '화염버섯'이라고도 불리는 붉은사슴뿔버섯. 일본에는 5,000종 이상의 버섯이 존재한다고 알려져 있으며, 이른바 독버섯은 200종 이상이 확인되었습니다. 붉은사슴뿔버섯도 그런 독버섯 중 하나로, 그 중에서도 가장 강력한 독을 지녔다고도 합니다.

붉은사슴뿔버섯은 곰팡이 독의 일종인 '트리코테신(Trichothecene)'이라는 독성이 있습니다. 이 독은 **베트남 전쟁에서 화학 무기로 사용했을 정도로 강력한 독입니다.** 이 독버섯의 치사량은 불과 3g입니다. 섭취 후 10~30분 정도 지나면 구토나 설사, 몸의 저림 등이 나타나며, 중증인 경우에는 수일 내에 사망에 이릅니다. 목숨을 건진다고 하더라도 뇌에 장애가 남을 수 있습니다. 또한, 트리코테센은 **피부를 통해서도 흡수되므로 만지는 것만으로도 염증을 일으킬 수 있어 주의가** 필요합니다. 뿐만 아니라 붉은사슴뿔버섯에서 방출된 포자로도 눈이나 호흡기 등에 염증이 생길 가능성이 있으며, 독이 묻은 손가락으로 눈을 비비거나 입에 가져다 대기라도 한다면 정말 끔찍한 사태가 벌어질 수 있습니다.

이 정도의 맹독을 지닌 버섯임에도 불구하고 식용 가능한 붉은창싸리버섯과 외형이 비슷해, 착각해서 섭취하는 식중독 사례가 보고되고 있습니다. 붉은사슴뿔버섯은 참나무 고사병이 발생한 산림에서 나타나는 경향이 있습니다. 일본에서는 참나무 고사 현상이 증가한 최근에 이르기까지 이 버섯이 비교적 드물었던 점도 오인 섭취 사고가 일어나는 배경 가운데 하나로 볼 수 있을 것입니다.

불꽃처럼 화려한 겉모습

선명한 붉은색에 화염이 치솟는 듯한 특징적인 외관을 지녔으나, 식용 가능한 붉은창싸리버섯과 매우 유사하여 실수로 먹기 쉽다. 과거에는 사망 사고도 발생한 바 있다.

독은 피부를 통해서도 흡수된다

붉은사슴뿔버섯에 들어 있는 트리코테신이라는 성분은 화학무기로도 사용된 맹독이다. 피부를 통해서도 흡수되므로 맨손으로 만지지 않도록 주의하자.

순백의 아름다운 '죽음의 천사' [독우산광대버섯의 독]

증상이 가라앉아도 방심은 금물

독우산광대버섯은 대표적인 맹독 버섯입니다. 그 독성이 얼마나 강한지 서구권에서는 '파괴의 천사' 또는 '죽음의 천사'라는 별명이 붙어 있을 정도입니다. '알파-아마니틴(α-amanitin)' 등의 맹독을 가지고 있어, 단 하나만 먹어도 목숨을 잃을 위험이 있습니다.

독우산광대버섯 식중독의 특징은 소강 상태(잠시 나아지는 단계)를 사이에 둔 2단계 증상입니다. 입에 대더라도 즉시 증상이 나타나지 않고, 식후 6~24시간이 지나서야 구토나 설사가 시작됩니다. 그러다 하루 정도 지나면 일단 증상이 가라앉는데, 이 소강 상태 이후 4~7일 뒤에 간부전이나 신부전 등 다장기 부전이 발생하며, 중증의 경우 1주일 정도면 사망에 이르게 됩니다. 아마니틴류에는 해독제가 없어 신속한 위세척만이 유일한 치료법입니다. 문제는 독우산광대버섯을 먹었을 때 증상이 나타나기까지 시간이 걸린다는 점입니다. 증상이 나타나서 위세척을 하면 이미 손쓸 수 없는 상태일 수 있습니다.

독우산광대버섯과 같은 광대버섯속에 속하는 독버섯으로는 알광대버섯과 흰알광대버섯이 있습니다. 이 세 가지는 흔히 '맹독버섯 삼총사'로 불립니다. 이들은 모두 아마니틴 계열의 치명적인 독소를 포함하고 있어 수많은 식중독 사고의 원인이 되고 있습니다. 버섯은 겉모습만으로 종류를 식별하기가 매우 까다로우므로, 야생 버섯 채집 시에는 반드시 전문가로부터 교육을 받는 것이 중요합니다.

맹독 버섯 독우산광대버섯의 특징

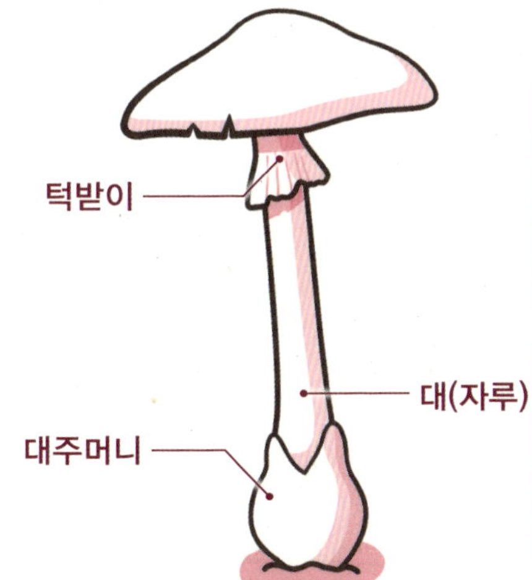

중독 증상은 2단계로 발현

중독 증상이 2번에 걸쳐 나타난다. 처음은 1일 정도면 가라앉지만, 가짜 회복기를 거쳐 증상이 무거운 2기가 찾아온다.

'턱받이'와 '대주머니'가 있다

갓 아래에 '턱받이'와, 뿌리 부분에 '대주머니'가 있다. 턱받이와 대주머니를 둘 다 가진 버섯은 독버섯일 가능성이 높다.

무서운 '맹독버섯 삼총사'

알광대버섯

전 세계 버섯 중독 사례의 90%를 차지한다. 일본에서는 발견 사례가 많지 않다.

흰알광대버섯

알광대버섯의 변종으로 여겨진다. 일본에서 중독 사례도 많다.

독우산광대버섯과 함께 '맹독버섯 삼총사'로 불리는 이 두 종 역시 역시 2단계로 발현되는 증상이 나타난다. 또한 외형상으로도 '턱받이'과 '대주머니'를 가진 점이 독우산광대버섯과 같다.

식물 유래 독 성분 중 대다수를 차지하는 '알칼로이드'란?

식물 독의 대부분은 '알카로이드(Alkaloid)'라는 화합물군에 속합니다. 알칼로이드는 일반적으로 질소를 함유하고 염기성을 띠는 유기 화합물로, 그 종류만 3만 종이 넘을 정도로 다양합니다. 담배의 니코틴이나 커피의 카페인이 대표적인 알칼로이드의 일종입니다.

모든 알칼로이드가 치명적인 독은 아니지만, 생체 활동에 강한 영향을 주는 물질이 많아 인체에 유해한 것도 적지 않습니다.

한편, 우리는 일상 속에서 알칼로이드를 무의식적으로 섭취하기도 합니다. 차(茶)에는 카페인, 테오브로민, 테오필린이라는 알카로이드가 포함되어 있습니다. 또한 고추의 매운맛을 내는 캡사이신 역시 알칼로이드의 일종으로 분류됩니다.

특히, 우리 몸 안에 존재하는 아드레날린, 아세틸콜린, 세로토닌 같은 신경전달물질들도 알칼로이드 계열의 화합물입니다. 이처럼 알칼로이드는 우리 생활과 떼려야 뗄 수 없는 존재입니다.

때로는 실수로 유독한 알칼로이드를 섭취할 수도 있습니다. 먹는 것이나 만지는 것에는 항상 주의를 기울이고 지식을 갖추는 것이 중요합니다.

숨쉬기만 해도 무분별하게 유입되는 성가신 환경 독소

공기 중에 존재하는 유해 물질. 보이지 않는 위협이 몸에 미치는 영향과 그 방어법을 설명합니다.

환경 오염? 인체 파괴? 흡입 시 위험한 유독 가스

인체나 환경에 해로운 기체

유독 가스란 말 그대로 독성이 있는 기체를 말합니다. 흡입하거나 몸에 닿으면 건강에 해를 끼칠 위험이 있습니다.

유독 가스의 종류는 다양합니다. **산업 현장에서 물건을 생산하는 과정에서 발생하는 경우가 많지만, 화학 반응이나 자연 현상의 부산물로서 생겨나기도 합니다.** 주요 유독 가스로 꼽히는 것은 일산화탄소, 염소, 황화수소, 암모니아, 이산화질소, 오존, 이산화황, 불화수소산 등입니다.

유독 가스의 특징 중 하나로 화학적으로 '반응성'이 있다는 점입니다. 반응성이란 화학 반응을 일으키는 성질을 말합니다. 다른 화학 물질과 접촉하여 화학 반응을 일으키고, 그 결과 이전과는 전혀 다른 위험한 성질을 띠게 될 수도 있습니다.

유독 가스는 인체에 직접적인 위협이 될 뿐만 아니라 **공기나 물, 토양을 오염시켜 환경에도 심각한 피해를 줍니다.**

유독 가스 중에는 냄새 등으로 쉽게 식별할 수 있는 것도 있지만, 색도 냄새도 없어(무색무취(無色無臭)) 알아채기 어려운 것도 꽤 있습니다. 그러한 유독 가스를 검출하려면 가스 감지기 등이 없으면 어려울 것입니다. 밀폐 공간에서 유독 가스의 위험성을 느꼈다면, 환기를 충분히 해주세요.

공기 중에 퍼져있는 유해 가스

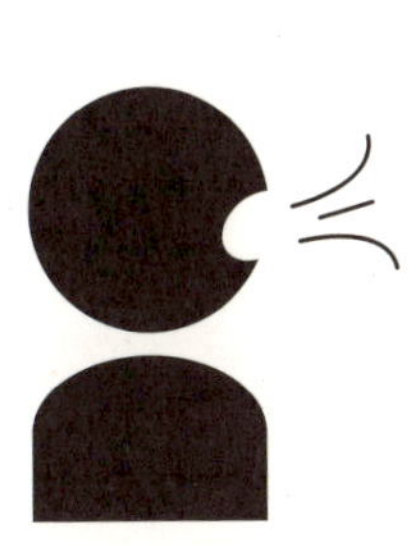

흡입하거나 피부에 닿으면 건강에 직접적으로 해를 끼칠 위험이 있다.

방출되면 공기, 물, 토양을 오염시키고, 결국에는 인체에도 악영향을 미친다.

만약 유해 가스가 누출되었다면?

'유독 가스가 새고 있는 건 아닐까?'하고 의심된다면 즉시 대피한 뒤 소방서 등에 신고하세요. 인화 위험성도 있으므로 담배 등 불 사용은 엄격히 금지됩니다.

담배보다 빨리 폐암으로 가는 지름길 [석면]

한때는 건설 현장 등에서 널리 활용되던 석면

과거에는 건축 자재나 전기 제품, 공업 제품의 재료로 흔히 사용되었지만, 그 위험성이 밝혀지면서 큰 사회 문제로 떠오른 것이 바로 석면입니다. 석면은 가늘고 가벼운 섬유 형태의 광물로, '아스베스토스(Asbestos, 돌솜)'이라고도 불립니다. 불연성, 내구성, 내열성 등이 뛰어나 건물을 지을 때 단열재나 내화 피복재 등의 재료로 많이 사용되었습니다.

그런데, 석면을 흡입하면 심각한 질병에 걸릴 수 있다는 사실이 밝혀졌습니다. 석면은 굵기가 머리카락의 약 5,000분의 1 수준으로 매우 가늘고 가벼워, 공중에 떠오른 분진을 흡입하게 될 위험이 매우 높습니다. **석면이 원인인 대표적인 질병으로는 석면폐**(폐가 섬유화되는 질환), **폐암, 악성 중피종 등이 알려져 있습니다.**

석면으로 인한 질병의 가장 큰 특징은 **잠복 기간이 15년에서 20년으로 매우 길다**는 점입니다. 증상이 나타나지 않아 괜찮다고 생각했지만, 사실은 이미 석면이 원인인 질병에 걸려 있을 가능성도 충분히 있습니다.

이처럼 극히 위험하기 때문에, 2006년부터 석면을 함유한 건축 자재의 생산 및 사용이 금지되었고, 석면을 사용한 건물을 해체할 때에도 석면이 날리지 않도록 규제하는 다양한 안전 기준이 마련되어 있습니다.

빌딩 건축 등에서 중요하게 사용되었지만….

석면(아스베스트)은 '돌솜'이라고도 불리며, 불연성, 내구성, 내열성 등이 뛰어나 건물을 건설할 때 단열재나 내화 피복재 등의 재료로 매우 인기가 높았다.

흡입하면 폐암 등의 발병 확률이 높아진다

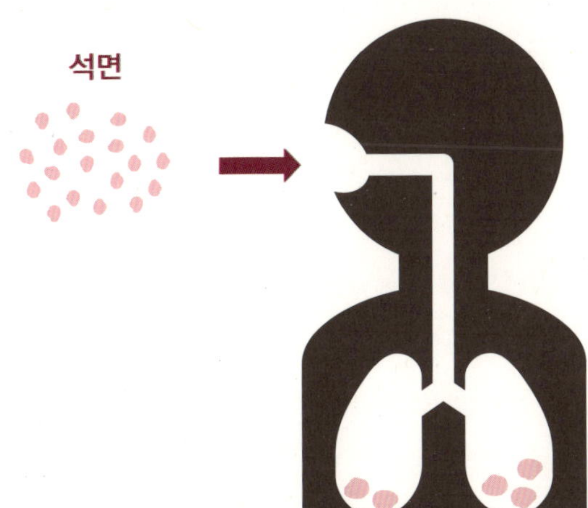

가늘고 가벼운 석면은 분진으로 날아오른다. 석면을 흡입하여 체내에 축적되면 폐암, 석면폐 등을 유발한다.

잘못된 쓰레기 처리로 발생하는 무시무시한 화학 물질 [다이옥신]

자연 환경에서는 분해되지 않는다

다이옥신은 쓰레기 등 각종 물질을 소각하는 과정에서 생성되는 독성 물질입니다. 일본에서는 1980년대에 쓰레기 소각 시설의 재에서 다이옥신이 검출되었으며, 1990년대에 걸쳐 큰 관심을 끌었습니다.

다이옥신은 무색이며 물에 잘 녹지 않고, 쉽게 증발하지도 않아 다른 화학 물질이나 산, 알칼리와 잘 반응하지 않습니다. 즉, 자연 환경에서는 분해되기가 매우 어렵습니다.

이 때문에 흙이나 물 속에 오랫동안 남아 있으며, 오염된 식품을 섭취할 경우 인체에 축적될 위험도 있습니다. 게다가, 인체에서 완전히 배출되기까지 약 7년이나 걸린다고 합니다.

동물실험 결과, 다이옥신에는 발암성, 생식 독성, 면역 독성, 신경 독성 등이 있는 것으로 밝혀졌습니다. **베트남 전쟁에서 미군이 사용한 고엽제에도 다이옥신이 포함되어 있어, 선천성 기형아가 태어난 사례도 있었습니다.**

다만, 환경이나 식품에 함유된 다이옥신 양은 매우 적기 때문에 일상생활에서 섭취하는 정도로는 증상이 나타날 가능성은 낮은 것으로 알려져 있습니다. 또한, 배출 규제 등의 효과로 인해 현재의 다이옥신 배출량은 과거에 비해 감소했습니다.

쓰레기 소각 등으로 발생

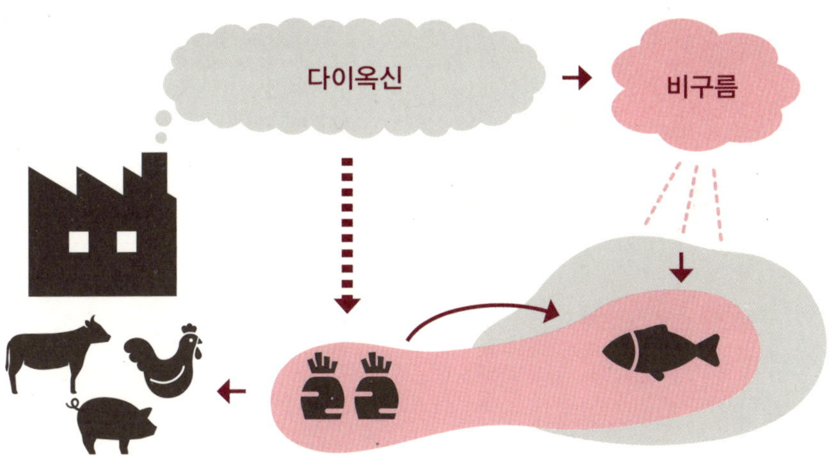

물체를 태울 때 생성되는 다이옥신은 좀처럼 분해되지 않는 성질이 있으며, 토양이나 물속에 오랜 기간 잔류한다.

음식을 통해 몸속으로 흡수된다

다이옥신은 다이옥신이 축적된 토양에서 자란 채소나 곡물, 그것을 먹은 소 등의 축산물, 그리고 다이옥신에 오염된 바다에서 서식하는 물고기 등을 섭취함으로써 우리 몸속으로 들어오게 된다.

냄새도 색도 없어 나도 모르게 마시는 유독 가스 [일산화탄소]

무색무취로 자신도 모르는 사이에 흡입한다

독성이 매우 강하고 중독사를 일으키기도 하는 것이 바로 일산화탄소입니다. 공기 중에 단 0.16%만 포함되어 있어도 사망에 이를 위험이 있습니다.

더구나 성가신 점은 **무색무취이기 때문에, 눈치채지 못한 사이에 일산화탄소를 흡입**해 버리는 경우도 있습니다.

환기가 잘 되지 않는 장소에서는 특히 주의가 필요하며, 일산화탄소 농도가 높아지지 않도록 충분히 환기를 해야 합니다. 또한 그런 장소에서는 내연기관이나 연탄 난로 등을 사용하지 않도록 해야 합니다.

담배 연기나 자동차 배기가스에도 일산화탄소가 포함되어 있습니다. 또한, **보통은 탄소를 포함한 물질이 연소되면 이산화탄소가 발생하는데, 산소가 부족한 상태에서는 일산화탄소가 발생합니다.** 이것이 불완전 연소라고 하는 현상입니다.

일산화탄소가 체내에 들어오면 혈액 속 산소가 운반되지 않아 산소 부족 상태에 빠지고, 여러 가지 증상을 일으킵니다. 주요 중독 증상은 두통, 메스꺼움, 현기증, 경련, 실신이며, 최악의 경우 사망에 이릅니다.

이러한 위험성이 지적되는 한편, 치료 효과 등을 판정하는 바이오마커 (Biomarker, 생체 지표)로서의의 역할도 기대되고 있어 연구 성과가 주목됩니다.

밀폐된 공간은 환기가 필수

일본의 옛 가옥들은 실내에서 화로(이로리)를 사용했음에도 불구하고, 집의 통기성이 워낙 좋았던 덕분에 일산화탄소 중독 사고는 거의 발생하지 않았다.

요즘처럼 단열이 잘 되어 밀폐된 집에서 화로나 가스난로를 사용하면, 일산화탄소(CO) 중독 위험이 커진다.

차 안에서도 일산화탄소 중독이 일어날 수 있다

눈 등으로 차량이 움직이지 못해 머플러(배기구)가 묻혀버리면, 배기가스가 차내로 유입되어 일산화탄소 중독이 발생할 위험이 있다.

일본의 수돗물은 정말로 안전할까? [PFAS]

폐수로 인한 바다와 강의 오염

수은은 상온에서 액체 상태로 존재하는 유일한 금속입니다. 전자식 체온계나 온도계가 보급되기 전에는 체온계나 온도계에 사용되었고, 고대에는 수은 화합물이 도료로 이용되는 등 사람들에게 친숙한 존재였습니다.

그러나 공해 문제가 심각해지면서 수은의 독성이 널리 알려지게 되었습니다. **특히 1956년 일본 구마모토현 미나마타시에서 밝혀진 미나마타병이 유명**합니다.

칫소(Chisso, 구 신일본질소비료) 미나마타 공장에서 배출된 폐수에 메틸수은 화합물이 포함된 탓에, 오염된 바다와 하천에 서식하는 어패류를 섭취한 사람들의 몸 속에 메틸수은 화합물이 축적되었고, 그 결과로 신경 장애가 발생했습니다. 주요 증상은 '걷지 못하게 되고', '말이 어눌해지며', '감각 이상이 생기는' 것입니다.

미나마타병은 초기에서는 원인불명의 신경 질환으로 취급되었지만, 많은 환자가 확인되면서 원인이 밝혀졌고, 재판에서도 국가와 현의 책임이 인정되었습니다.

미나마타병은 환경수(환경 중의 물)의 오염으로 발생했는데, 현재도 일본 수돗물의 안전성이 의심받고 있습니다. 그 이유는 **일본 전역의 수돗물에서 PFAS가 검출**되고 있기 때문입니다. PFAS는 인공적으로 만들어진 화학 물질로, 분해되지 않으며 여러 가지 건강 피해를 유발하는 특징이 있습니다. 미나마타병과 같은 공해 사태가 다시는 일어나지 않도록 철저한 대책 마련이 필요합니다.

먹이사슬에 의해 수은 화합물이 농축된다

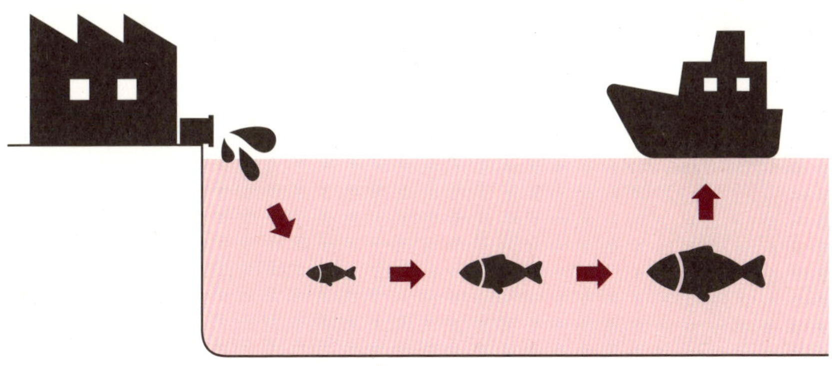

공장의 폐수로 메틸수은이 하천이나 바다로 방출되었다. 메틸수은은 작은 물고기 체내로 들어갔고, 그 물고기를 먹은 큰 물고기, 큰 물고기를 먹은 인간의 체내로 축적되어 미나마타병을 발병시켰다.

자연적으로는 분해되지 않는 영구 화학물질

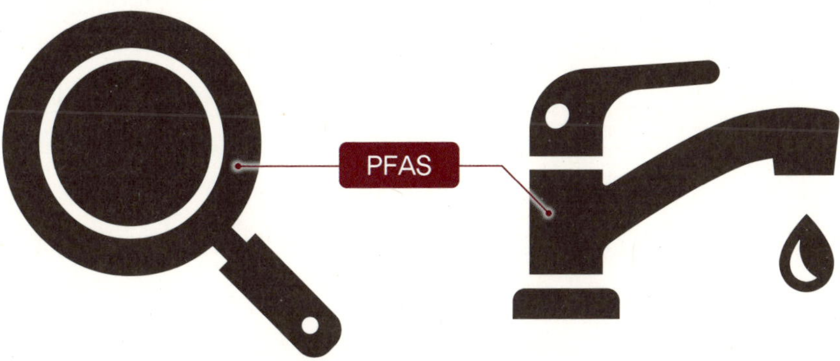

PFAS(per- and polyfluoroalkyl substances: 과불화화합물)는 불소 수지 가공 프라이팬 등의 공업 제품에 사용된다. 잘 분해되지 않는 특성 때문에 '영구 화학 물질(Forever Chemicals)'이라 불린다.

드라이아이스 취급에도 각별한 주의가 필요하다 [이산화탄소]

친숙하지만 사실은 위험한 기체

우리가 호흡할 때 내뱉는 것이 바로 이산화탄소입니다. 물체가 탈 때도 그 물체에 들어 있던 탄소가 산소와 결합해 이산화탄소가 발생합니다.

이처럼 매우 가까운 존재이지만, 이산화탄소에 독성이 있다는 사실은 잘 알려져 있지 않습니다. **공기 중 이산화탄소의 농도가 높아지면(3~4% 이상), 이산화탄소에 중독될 위험이 있습니다.** 이산화탄소에 중독되면 호흡 곤란, 어지럼증, 심한 두통, 의식 소실 등의 증상이 나타납니다.

이산화탄소를 냉각해 고체로 만든 것이 드라이아이스입니다. 드라이아이스는 식품의 보냉 등에도 사용되며, 장례식에서 시신의 부패를 방지하는 데에도 활용되고 있습니다. 그런데, 이 장례식에 사용되는 드라이아이스로 인한 사고가 실제로 발생하기도 했습니다.

드라이아이스를 깔아놓은 관에 얼굴을 가까이 가져간 사람이 의식을 잃어 병원으로 이송됐지만 사망하는 사고가 여러 건 발생한 것입니다. 이러한 사례를 계기로 관 안에 얼굴을 넣지 않도록 주의를 당부하고 있습니다.

또한 이산화탄소는 인체에 미치는 영향뿐 아니라 환경 문제의 원인이 되기도 합니다. 석유나 석탄 같은 화석연료 사용으로 대기 중 이산화탄소 농도가 높아지면, 지구의 온도 조절 기능이 저하되어 지구 온난화가 발생합니다.

장례식에서 발생하는 이산화탄소 중독

시신의 부패를 방지하기 위해 사용하는 드라이아이스의 이산화탄소로 인해 중독되는 사고가 여러 건 발생했으며, 그중에는 이송된 병원에서 사망한 사례도 있다.

지구온난화의 원인이 되기도 하는 이산화탄소

지표에서 우주로 빠져나가야 할 열을 이산화탄소 같은 온실가스가 가로 막아 지구의 온도가 상승한다.

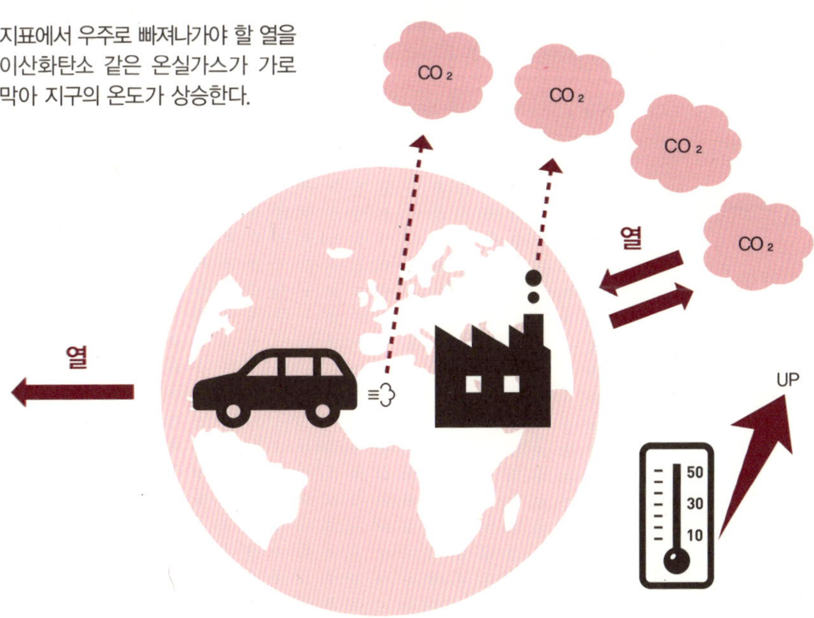

흡연하지 않는 사람에게도 가차 없는 담배 연기 [니코틴]

의존성이 강해 좀처럼 끊을 수 없다

담배의 원산지는 아메리카 대륙이며 콜럼버스가 유럽으로 가져가면서 전 세계로 퍼져 나갔습니다. 처음에는 약초로 취급되었으나, 흡연 습관이 확산되면서 기호품으로 유행하게 되었습니다.

담배에는 심신을 안정시키는 효과가 있다고 하는데, 담배의 주성분인 니코틴에 의한 것입니다. **연기를 통해 니코틴이 체내에 흡수되면, 대량의 도파민이 분비됩니다.** 도파민은 쾌락과 관련된 신경전달물질로, 도파민이 분비되면 강한 쾌감을 느끼게 됩니다. 하지만 니코틴은 매우 강한 의존성도 가지고 있습니다.

니코틴은 도파민뿐만 아니라, 기분을 조절하는 세로토닌이나 식욕을 억제하는 신경 전달 물질, 그리고 인지 활동을 향상시키는 신경 전달 물질의 작용에도 관여합니다. **담배를 계속 피우면, 니코틴을 섭취하지 않았을 때는 신경전달물질의 분비가 감소해 불쾌한 상태가 되고 맙니다.** 이때 담배를 피우면 그 불쾌감이 해소되기 때문에, 흡연을 반복하게 됩니다. 이것이 바로 니코틴 의존증의 작동 원리입니다.

니코틴은 독성도 강해, 담배를 잘못 삼킨 어린이가 사망한 사고도 있습니다. 니코틴은 물에 잘 녹기 때문에, 담배 꽁초를 담아 둔 빈 캔 속의 물 등도 매우 위험합니다.

흡연을 반복하게 되는 원리

담배를 피워 니코틴이 체내에 들어가면 도파민 등의 물질이 분비된다. 담배를 피우지 않게 되면 도파민 분비가 감소해 불쾌한 상태가 되므로 담배를 피우고 싶어진다.

담배를 퍼뜨린 것은 콜럼버스

북아메리카에 도착한 콜럼버스(Columbus)는 원주민으로부터 담배를 받아 유럽으로 가져갔다. 이후 전 세계에 담배가 퍼져나갔다.

건강에 가장 해로운 공기 1위 [배기가스]

암의 원인이 되기도 하는 배기가스

도심 지역에서 대기 오염의 가장 큰 원인으로 지목되는 것은 자동차 배기가스입니다. **대도시 주변에는 자동차가 집중되어 교통 체증이 잦고, 그 결과 대량의 배기가스가 공기 중으로 배출됩니다.**

배기가스의 위험성은 예전부터 꾸준히 지적되어 왔지만, 최근에는 특히 디젤 차량으로 인한 대기오염이 문제로 떠오르고 있습니다. 디젤 차량은 경유를 연료로 사용하는 자동차로, 휘발유 차량에 비해 연료비가 저렴하고 연비가 좋다는 장점이 있습니다.

그러나 **디젤 차량이 배출하는 배기가스에는 발암성 물질이 있다는 지적이 계속되고 있습니다.**

디젤 차량에서 배출되는 질소산화물이나 입자상 물질 등이 대기를 오염시키고 인체에 악영향을 미치기 때문입니다. 이러한 이유로 디젤 차량에 대한 규제가 강화되었으며, 최근에는 유해 물질 배출을 줄인 이른바 '클린 디젤 차량'도 출시되었습니다. 물론 디젤 차량뿐만 아니라 일반 휘발유 차량 역시 환경 보호 차원에서 배기가스 규제를 받고 있습니다.

한편, **휘발유와 같은 연료를 사용하지 않아 배기가스를 배출하지 않는 전기자동차도 등장했습니다.** 전기자동차는 직접적인 대기오염을 줄일 수 있는 해결책으로 기대를 모으고 있지만, '차량 가격이 비싸고' '도심에서 충전할 수 있는 장소가 충분하지 않은 점' 등 해결해야 할 과제도 안고 있습니다.

정체가 심하면 대기오염도 심해진다

교통 정체로 인해 자동차가 가속과 감
속을 반복하면 연료 소비가 증가하고
배기가스도 늘어난다.

전기 자동차는 해결해 할 과제가 한 가득

전기차는 직접적으로 대기를 오염시키는
배기 가스를 배출하지 않지만, 충전 장소
부족 등의 해결 과제가 있다.

썩은 달걀 냄새는 위험 신호 [화산 가스]

화산이 많은 나라에서는 유독 가스에 주의

산에서 일어나는 사고라고 하면 추락 사고 등을 떠올리기 십상이지만, 화산이 많은 나라인 일본에서는 화산 가스에 대해서도 알아 둘 필요가 있습니다.

화산 인근에는 '살생석(殺生石)'이라 불리는 바위나 이름에 '살생석(殺生石)'이 들어간 지명이 있는 경우가 있습니다. 이는 화산 가스로 인해 목숨을 잃은 사람이 있었던 데서 유래한 이름으로 여겨집니다.

화산 가스에는 여러 종류가 있으며, 황화수소나 이산화황처럼 인체에 매우 위험한 성분이 포함되어 있습니다.

현대에도 화산 가스로 인한 사망 사고가 발생하고 있습니다. 1997년에는 7월에 아오모리현의 핫코다산에서 3명, 9월에 후쿠시마현의 아다타라산에서 4명, 11월에 구마모토현의 아소산에서 2명이 화산 가스가 원인으로 사망했습니다.

화산 가스는 분화구뿐만 아니라 산중턱 등에 있는 분기공에서 방출되기도 합니다. 화산 가스는 일반적으로 무색투명해 눈으로는 알아차리기 어렵습니다. 황화수소는 썩은 삶은 달걀 냄새가 나지만, **농도가 높으면 후각이 마비되어 냄새를 맡지 못할 수도 있다는 점을 알고 있어야 합니다.**

화산 가스를 마주쳤을 경우에는 물에 적신 수건 등으로 입과 코를 가린 뒤, 바람을 등지고 더 높은 곳으로 이동해 사고를 피하십시오.

화산 가스가 생기는 곳과 고이는 곳

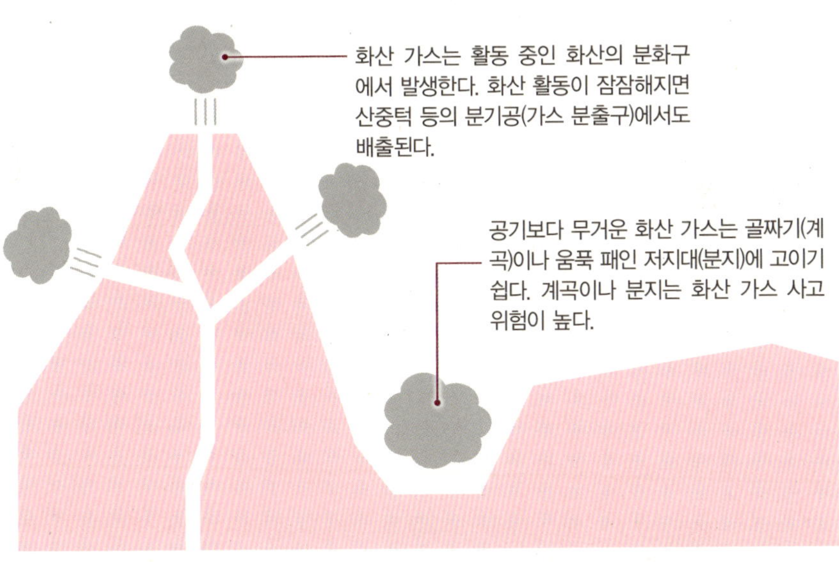

화산 가스는 활동 중인 화산의 분화구에서 발생한다. 화산 활동이 잠잠해지면 산중턱 등의 분기공(가스 분출구)에서도 배출된다.

공기보다 무거운 화산 가스는 골짜기(계곡)이나 움푹 패인 저지대(분지)에 고이기 쉽다. 계곡이나 분지는 화산 가스 사고 위험이 높다.

화산 가스를 마주친 경우에는

황화수소나 이산화황은 물에 잘 녹으므로, 물에 적신 수건 등으로 입과 코를 가린 채 바람을 등지고 높은 곳으로 이동해야 한다.

비를 맞으면 대머리가 된다고?! [산성비]

인체나 건축물에 해를 끼치는 비

환경오염은 자연의 혜택이어야 할 비에도 악영향을 미치고 있습니다. 공장이나 자동차 등에서 배출된 황산화물과 질소산화물이 **구름 속 물방울에 녹아 비나 눈으로 내리는 현상이 바로 산성비입니다.**

일반적인 비에도 산성 물질이 포함되어 있지만, 산성비는 산성도가 매우 높아 하천과 호수, 토양을 산성화시켜 생태계에 악영향을 미칩니다. 산성비로 인해 숲이 사라지거나 연못에 물고기가 살 수 없게 되기도 합니다.

산성비는 자연 환경에만 피해를 주는 것이 아닙니다. 콘크리트를 녹이거나 금속을 부식시켜 건축물이나 문화재 등을 노후화시키는 일도 일도 드물지 않습니다.

더 나아가 산성비가 인체에 미치는 영향에 대해서도 우려가 제기되고 있습니다. **강한 산성 액체가 단백질에 영향을 줄 수 있다는 점에서 산성비에 노출되면 머리카락이 손상되어 탈모가 생길 수도 있다**는 주장도 있습니다.

다만 이를 과장된 해석으로 보는 전문가들도 있습니다. 산성과 알칼리성의 정도를 나타내는 pH 수치로 보면 산성비는 약 5.6 정도로, 중성인 7보다 낮기는 하지만 강한 산성이라고 보긴 어렵습니다. 또한 우리는 이보다 훨씬 강한 산성의 온천수에도 별 문제 없이 들어간다는 점에서, **산성비를 맞는다고 머리카락이 빠지는 등의 영향이 나타난다고 보기 어렵다**고 설명합니다.

생태계에 피해를 준다

공장 등에서 대기 중으로 배출된 화학 물질이 공기 중에서 비나 눈에 녹아 함께 내리면서 자연환경이나 건축물에 피해를 준다.

어느 쪽을 믿을지는 여러분의 선택

산성비가 머리카락에 미치는 영향을 걱정하는 목소리도 있지만, 산성비보다 훨씬 산성이 강한 온천에도 들어가므로(예를 들어, 아오모리현의 스카유 온천은 pH가 약 2.0이다), 산성비만으로 탈모를 걱정할 필요는 없다는 견해도 있다.

환기 필수! 폭발 및 중독 주의! 스프레이 캔

헤어스프레이나 데오드란트, 방수 스프레이 등 우리 주변에는 스프레이 캔 제품이 넘쳐납니다. 약국이나 슈퍼마켓에서 누구나 쉽게 구입할 수 있어 편리하지만, 스프레이로 인한 사고가 매년 발생하고 있습니다.

흔히 발생하는 사고는 스프레이 캔이 파열·폭발하거나 인화되는 것입니다. 직사광선이 닿는 장소나 열원 근처에 스프레이 캔을 두면 내용물이 가열되어 팽창하면서 파열·폭발할 수 있습니다. 또한 스프레이 캔을 분사한 직후 가까운 곳에서 불을 켜면, 분사된 가스에 불이 옮겨 붙어 화재가 발생할 수도 있습니다. 2018년에는 홋카이도에서, 2023년에는 도쿄에서 스프레이 캔 처리 중에 가스가 폭발해 화재 사고가 발생했습니다. 이 외에도 분사한 내용물이 눈에 들어가거나 가스를 흡입하여 건강에 문제가 생긴 사례도 보고되고 있습니다.

스프레이 캔을 사용할 때는 제품에 표기된 주의사항을 꼼꼼히 읽고 올바르게 사용하는 것이 무엇보다 중요합니다. 밀폐된 공간에서 사용하는 것은 피해야 하며 반드시 내용물을 모두 사용한 후 가스를 빼고 버려야 합니다. 캔을 흔들었을 때 소리가 난다면 아직 내용물이 남아 있다는 뜻입니다. 내용물이 남은 상태에서 가스를 빼면 가연성 가스가 대량으로 분출되어 매우 위험합니다. 마지막까지 긴장을 늦추지 말고 안전하게 사용하세요.

제5장

누구에게나 친숙한
음식과 음료 속의 독

식품에 함유된 독성 물질과 그 과다 섭취의 위험. 일상 속에 숨어 있는 위험 요소와 대처 방안을 소개합니다.

과잉 섭취는 금물!
조미료의 치사량

무엇이든 지나치면 좋지 않다

인간에게 염분은 없어서는 안 될 필수 성분입니다. 염분은 신경과 근육의 기능을 유지하고, 위산을 생성하는 등 우리 몸에서 다양한 역할을 담당합니다.

하지만 염분을 과도하게 섭취하는 것은 건강에 좋지 않습니다. 염분을 지나치게 섭취하면 혈액 속 나트륨 이온이 몸 안의 수분을 혈관 속으로 끌어당깁니다. 그 결과 **혈관 내 수분량이 증가하면서 혈압이 상승하고, 심장과 염분을 배출하는 역할을 하는 신장에 부담을 주게 됩니다.**

소금의 반수치사량(LD_{50})은 체중 1kg당 약 3,000~3,500mg 정도로 알려져 있습니다. 체중 60kg인 사람을 기준으로 하면 약 180~210g에 해당하므로 한 번에 섭취하기는 쉽지 않아 보이지만, 소금에도 치사량이 존재한다는 사실은 분명합니다.

치사량이 존재하는 조미료는 소금뿐만이 아닙니다. **설탕의 경우 체중 60kg 기준으로 약 1,800~3,000g, 간장은 염분 농도에 따라 다르지만 염분 농도가 16%일 때 약 190~470ml가 치사량으로 알려져 있습니다.**

참고로, 감칠맛을 내는 식품첨가물인 글루탐산 나트륨(MSG)을 둘러싸고 1960년대 미국에서는 이른바 '중국 음식점 증후군'이라 불리는 유해성 논란이 제기된 적이 있습니다. 그러나 세계보건기구(WHO) 등 여러 기관의 조사 결과, 글루탐산 나트륨이 이러한 증상을 유발한다는 과학적 근거는 없다는 결론에 이르렀습니다.

염분의 과다 섭취는 혈압 상승을 초래한다

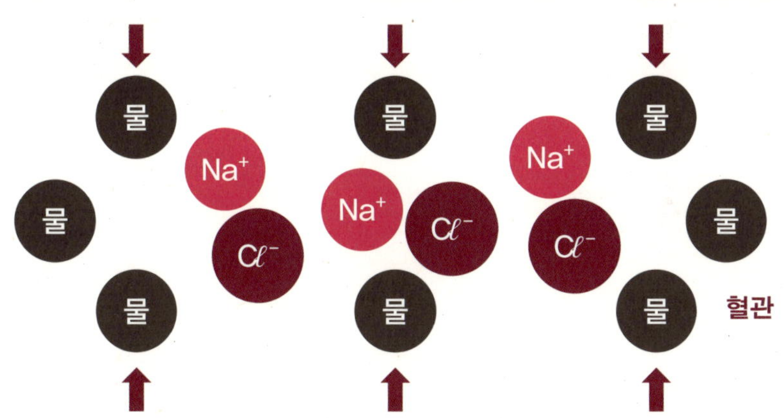

혈압과 염분의 관계는 아직 명확하지 않은 부분도 있다. 다만, 염분을 과다 섭취하면 혈액 내 염분 농도가 높아져 삼투압이 상승하고, 이를 해소하고자 수분을 흡수한다. 이때 혈류량이 증가하고 혈관을 누르는 힘이 강해지므로 혈압이 상승한다는 설이 있다.

중국 음식은 몸에 안 좋다?

1960년대 미국에서는 감칠맛을 내는 조미료를 사용한 중국 음식을 먹으면 두통과 안면 홍조, 두근 거림 등의 증상이 나타나는 '중국 음식점 증후군'이 발생한다는 소문이 있었지만, 조사 결과 그런 근거는 없는 것으로 결론이 났다.

과다 섭취하면 생명에 위협이 될 수도 있다 [카페인]

카페인 과다 섭취로 사망한 사례도

카페인은 녹차나 홍차 등의 차류, 커피, 코코아, 에너지 드링크, 콜라 등의 청량음료에 함유되어 있습니다. 음료 외에도 초콜릿이나 졸음을 깨우기 위한 껌, 영양제 등 다양한 제품에 사용됩니다.

카페인은 머리를 맑게 하거나 졸음을 깨우는 효과가 있는데, 이는 카페인이 중추신경을 흥분시켜 신체 전반의 활동성을 높여주기 때문입니다.

최근에는 카페인을 첨가한 음료나 건강보조식품이 많이 판매되면서, **카페인 과다 섭취를 우려하는 목소리도 나오고 있습니다.**

과다 섭취로 카페인 급성 중독이 되면, 정신적·신체적으로 다양한 증상이 나타납니다. 정신적 증상으로는 감각 과민, 불안, 초조감, 기분 고양 등이 있으며, 신체적으로는 불면증, 위통, 구역질, 구토, 심계항진, 빈뇨 등이 보고됩니다. **중증으로 진행되면 정신착란, 망상, 손발 떨림, 경련 등이 발생할 수 있으며, 사망에 이른 사례도 보고되고 있습니다.**

카페인과 알코올을 함께 섭취하면 카페인의 각성 작용으로 인해 취기가 잘 느껴지지 않아, 자신도 모르는 사이에 과음하게 될 수 있습니다. 특히 에너지드링크와 알코올을 섞은 칵테일류를 마실 때는 이런 점을 의식하고 각별히 주의해야 합니다.

카페인이 함유된 식품은 많다

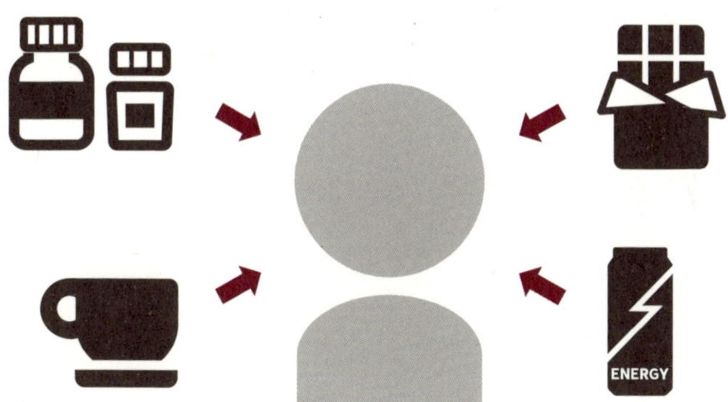

음료뿐만 아니라 초콜릿이나 건강보조식품 등 카페인을 함유한 제품은 매우 다양하다. 이러한 제품들을 함께 먹거나 마시는 것도 카페인 과잉 섭취로 이어진다.

술과 에너지 드링크의 조합은 위험

카페인으로 인해 알코올에 취기를 느끼기 어려워지므로 각별한 주의가 필요하다.

어느 정도 마시면 해로울까? [알코올]

적은 양으로도 암 발생 위험이 높아진다

'술은 백약의 으뜸'이라는 옛말이 있습니다. 술을 적당히 마시면 건강에 도움이 된다는 뜻일 것입니다. 적당량의 알코올은 긴장을 완화해 스트레스를 줄여줍니다. 또한, 혈관을 확장시켜 혈행을 개선하고 좋은 콜레스테롤(HDL)도 증가시킵니다. 레드 와인의 폴리페놀이 심근경색 예방에 도움이 된다는 보고도 있습니다.

그러나 최근에는 알코올이 건강에 미치는 해로움을 지적하는 목소리가 높아졌습니다. **소량의 음주라도 얼굴부터 목에 이르는 부위의 암 발생 위험이 높아진다고 알려져 있습니다.**

2017년에는 미국 임상종양학회에서 알코올과 구강암, 후두암, 식도암 등 사이에 인과관계가 있다는 성명을 발표했습니다. **알코올이 체내에서 산화되면서 생성되는 아세트알데히드라는 물질은 독성이 있으며, 암을 유발할 가능성이 있다는 것입니다.**

아세트알데히드는 간 등에서 한 번 더 산화되어 아세트산(무해)이 되지만, 술에 약한 체질은 산화가 잘 이루어지지 않거나 산화 속도가 느려, 아세트알데히드가 체내에 남게 되므로 암 발생 위험이 높아집니다.

위험을 줄일 수 있는 음주량으로, 미국 암학회에서는 맥주의 경우 작은 병으로 한 병 이하를 권장하고 있습니다. 건강을 위해서는 이를 기준으로 삼는 것도 좋을 것입니다.

알콜은 분해될 때 독성이 생긴다

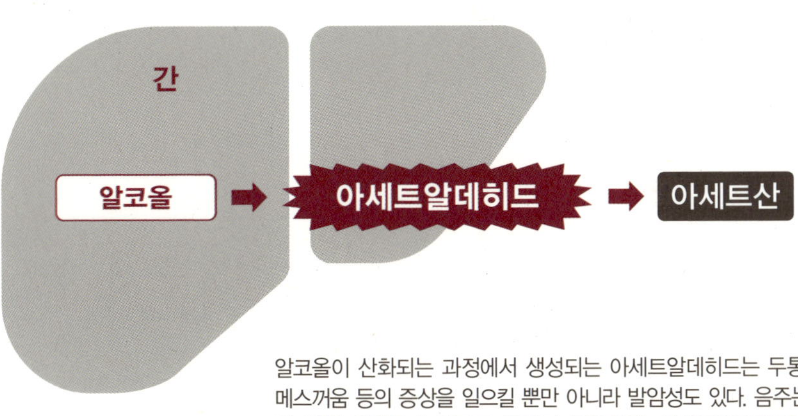

알코올이 산화되는 과정에서 생성되는 아세트알데히드는 두통, 메스꺼움 등의 증상을 일으킬 뿐만 아니라 발암성도 있다. 음주는 암 발생 위험을 높이므로 주의가 필요하다. 아세트알데히드가 다시 산화되면 아세트산이 된다(무해함).

하루 적당량은 맥주 작은 병으로 한 병 이하

미국 암학회가 권장하는 하루 음주량은 맥주의 경우 작은 병으로 한 병 이하입니다.

생각보다 싹이 위험해!
[감자의 독]

아이들에게 더 위험한 감자 싹의 독

슈퍼마켓이나 채소 가게에서 사온 감자를 그대로 두면 싹이 납니다. 이 싹에 독이 있다는 사실은 널리 알려져 있지만, 어떤 독소인지, 또 얼마나 위험한지는 잘 모르는 경우가 많습니다.

감자의 싹이나 녹색으로 변한 껍질에는 알칼로이드의 일종인 솔라닌과 차코닌이 함유되어 있습니다. 이것들은 천연 독소의 한 종류입니다.

솔라닌과 차코닌을 섭취하면 설사, 구토, 두통, 복통, 피로감 등의 증상이 나타날 수 있으며, 어린이의 경우 혼수 상태나 경련을 일으키는 등 증상이 더 심각해질 수 있습니다. 최악의 경우에는 사망에 이를 위험도 있습니다.

실제로 2014년 이시카와현의 한 초등학교에서는 수확한 감자를 껍질째 삶아 먹은 아동 9명이 식중독에 걸려 구역질, 복통, 목의 통증 등을 호소하는 사고가 있었습니다. 다행히 중태로 이어지지는 않았지만, 이 사례 외에도 학교 행사나 수업 중에 감자로 인한 식중독 사고는 여러 차례 보고되었습니다. 과학 수업에서 재배한 감자를 학교 내에서 조리하는 과정에서 아동·학생이 식중독에 걸리는 경우도 있습니다.

일반적으로 '충분히 가열하면 식중독을 예방할 수 있다.'고 생각하기 쉽지만, **감자의 독소는 가열해도 분해되지 않습니다.** 싹은 반드시 제거하고, 녹색으로 변한 껍질은 두껍게 벗겨내 독소가 체내로 들어가지 않도록 주의합시다.

감자의 싹과 녹색 껍질에 독이 있다

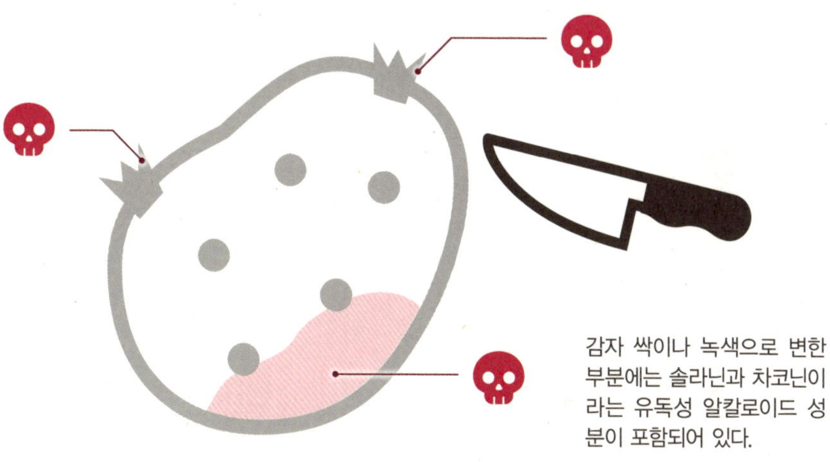

감자 싹이나 녹색으로 변한 부분에는 솔라닌과 차코닌이라는 유독성 알칼로이드 성분이 포함되어 있다.

학교에서 감자 식중독이 발생한 사례가 있다

감자 식중독 대부분은 학교 행사에서 발생했다. 수업에서 키운 감자를 조리해 먹은 아동·학생이 식중독에 걸린 사례가 많다.

먹거리 독소계의 레전드 [복어의 독]

맹독이 있어도 먹고 싶다는 사람이 속출하는 복어

독을 가지고 있지만 맛있는 고급 생선이라면 복어를 들 수 있습니다. 복어에는 자주복, 거북복, 검복 등 다양한 종류가 있지만, 일본에서 볼 수 있는 약 30종의 복어 중 20종 이상, 즉 대부분이 독을 가지고 있습니다.

복어의 독은 테트로도톡신이라 불리는 성분으로, **청산가리의 500~1,000배에 달하는 강력한 맹독**입니다. 이는 주로 복어의 간이나 난소 같은 내장 및 피부 등에 포함되어 있으며, 섭취 시 저림, 구토, 지각 마비, 언어 장애, 호흡 곤란, 운동 마비, 의식 소실 등의 증상이 나타나고 심한 경우 사망에 이를 수 있습니다.

복어가 맛있다는 사실은 예로부터 알려져 있었고, 위험을 무릅쓰고 복어를 먹다 목숨을 잃은 사람도 적지 않았습니다. 도요토미 히데요시는 복어 식용 금지령을 내렸으며, 메이지 중반인 1888년까지도 복어는 식용이 금지되어 있었습니다. 오늘날에도 복어 조리는 자격증을 취득한 사람에게만 허용되고 있습니다.

최근에는 독이 없는 복어 양식에도 성공했습니다. 복어의 독은 체내에서 생성되는 것이 아니라 바닷속에 서식하는 미생물에서 온 것입니다. 따라서 먹이와 물을 철저히 관리함으로써 무독성 복어를 키울 수 있게 된 것입니다. 다만 아직은 복어 독에 관해 밝혀지지 않은 부분이 많아, **무독성으로 알려진 양식 복어를 조리할 때도 당연히 자격증이 필요합니다.**

복어 식용 금지령도 내려졌다!

복어 맛의 유혹을 이기지 못하고 먹었다가 목숨을 잃는 사람이 너무 많아, 도요토미 히데요시는 복어 식용 금지령까지 내렸다.

위험! 완전히 식용 불가인 복어

많은 복어에는 먹을 수 있는 부분이 있지만, 밀복에는 살에도 독이 있어 먹을 수 없다. 다른 식용 밀복 류와 생김새가 비슷하므로 주의해야 한다.

WHO도 경고한 트랜스 지방산 [마가린]

암과 치매에도 관련이 있을까?

버터의 대용품으로 개발된 마가린은 일본에서 1908년부터 제조되기 시작했으며, 당시에는 '인조 버터'라고 불렸습니다. 우유로 만드는 버터와 달리, 마가린은 식물성 유지나 동물성 유지 등을 원료로 합니다.

이 가운데 **식물성 유지를 고온에서 탈취하는 과정에서 생성되는 것이 트랜스 지방산**입니다. 트랜스 지방산은 지질을 구성하는 지방산의 한 종류로, 1950년경부터 건강에 해롭다는 지적이 제기되기 시작했습니다. WHO(세계보건기구)는 트랜스 지방이 나쁜 콜레스테롤(LDL)을 증가시켜 동맥경화나 심근경색 위험을 높인다고 보고했습니다. 또한 비만이나 알레르기 질환과의 관련성이 확인되었으며, 당뇨병, 암, 치매 등과의 관련성도 제기되고 있습니다.

이러한 이유로 여러 국가에서는 트랜스 지방산에 대한 규제가 진행되고 있으며, 미국에서는 2018년 6월 18일부터 트랜스 지방산의 사용이 전면 금지되었습니다. **일본은 미국만큼 엄격한 제한을 두고 있지는 않지만, 일본인의 지방 섭취량은 전반적으로 낮고 WHO가 권고하는 기준(총 에너지 섭취량의 1% 미만)도 이미 충족하고 있습니다. 아마도 트랜스 지방산이 일본인의 건강에 미치는 영향은 크지 않을 것으로 판단됩니다. 평소 과도한 섭취만 주의한다면, 지나치게 우려할 필요는 없을 것입니다.**

버터의 대용품으로 개발

19세기, 버터 부족으로 어려움을 겪던 프랑스. 나폴레옹 3세는 버터를 대체할 식품을 공모했고, 메주 무리에(Mege-Mouries)라는 화학자가 소기름에 우유와 올리브 오일을 추가해 마가린을 개발했다. 이후에는 식물성 유지를 주성분으로 변화했다.

트랜스 지방산은 유지 가공 과정에서 생성된다

트랜스 지방산은 유지 가공 과정에서 생성된다. 마가린 외에도 빵, 케이크, 도넛, 마요네즈, 생크림, 식용유 등에 트랜스 지방산이 함유되어 있다.

대장암 발생 위험 증가?! [가공육]

편리한 음식이지만, 사실은 위험한 면도 있다

우리는 일반 육류뿐만 아니라, 햄이나 소시지, 베이컨 등 이른바 가공육도 자주 먹습니다. 가공육이란 육류를 보존 등의 목적으로 가공 처리한 제품을 말합니다. 가공 방법은 다양하며, 염장, 훈제, 발효, 지방 주입 등이 있습니다. 큐브 스테이크 등에서 흔히 볼 수 있는 내장육 등을 첨가해 모양을 잡는 '성형육'도 가공육의 일종입니다.

가공육은 보관성이 좋고 이미 간이 되어 있어 조리가 간편합니다. 다양한 요리에 활용할 수 있고 손쉽게 다룰 수 있어, 일상생활에서 유용하게 쓰입니다.

그런데, "가공육이 건강에 좋지 않다."는 말을 들어보신 적은 없으신가요? 실제로 WHO 산하 국제암연구소(IARC)에서는 가공육에 대한 연구 결과로, **"하루 50g의 가공육을 지속적으로 섭취하면 대장암 발생 위험이 18% 증가한다."**고 발표했습니다. 가공육을 식물성 단백질로 대체할 경우 사망 위험이 46% 감소한다는 연구 결과도 있습니다. 가공육은 편리하지만 과도한 섭취는 피하는 것이 좋습니다. 가공육을 대신해, **생선이나 대두 등 다양한 단백질 공급원을 식단에 포함시키길 권장합니다.**

종류가 다양한 가공육

가공육은 염장, 훈제, 발효 등의 방법으로 향과 보존성을 높인다. 햄, 소시지, 베이컨을 비롯해 콘 비프, 육포, 통조림 고기 등이 여기에 해당한다.

가공육으로 암 발병 위험이 높아진다고?!

하루에 가공육 50g을 지속적으로 섭취하면 대장암 위험이 18% 증가 한다고 알려져 있다.

결국, 실제로는 얼마나 몸에 해로운 걸까? [탄 음식]

새까맣게 탄 생선과 고기는 먹지 말 것!

고소하게 눌어붙은 누룽지는 한때 위장병 치료약으로 여겨지기도 했습니다. 전국시대의 다이묘 마사무네도 자신의 주치의에게 보낸 편지에서 "밥알을 공기 차단 상태에서 고온으로 가열해 '탄화'시켜 만든 흑소(黑燒)에 황백(한약재) 가루를 섞어 약을 만들어 달라."고 부탁했습니다. 이로 미루어 볼 때, 당시에는 탄 밥알이 몸에 좋은 음식이나 약재로 인식되었음을 알 수 있습니다.

그러나 1970년대에 **음식의 탄 부분, 특히 생선의 탄 부분에 발암성 물질이 있다**는 정보가 널리 퍼졌습니다. 탄 부분에 포함된 발암성 물질로는 아크릴아미드, 헤테로사이클릭아민 등이 있습니다.

동물을 대상으로 한 실험에서 다량의 아크릴아마이드를 장기간 투여했을 때 발암률이 상승한다는 결과가 나타났습니다. 국제암연구소(IARC, 110페이지) 또한 아크릴아마이드에 주목하여 그 발암성에 대해 연구하고 있고, 일본 농림수산성 역시 아크릴아마이드 섭취량을 줄이는 노력이 필요하다고 결론지었습니다.

다만, 탄 부분을 대량으로 계속 먹지 않는 한 암에 걸릴 일은 없다고 생각하는 전문가도 적지 않습니다. 그들은 자기 체중의 4배 이상과 같은 말도 안 되는 양이 아니라면 별 영향이 없다고 말합니다. 일상적으로 섭취하는 수준이라면 괜찮아 보이지만, **새까맣게 탄 고기나 생선에 발암 물질이 있는 것은 사실이므로, 굳이 즐겨 먹을 필요는 없다**고 할 수 있습니다.

누룽지는 위장약으로도 사용되었다

밥알을 공기 차단 상태에서 고온으로 가열해 탄화시켜 만든 흑소(黑燒)는 위장약으로 취급되었다. 다테 마사무네가 주치의에게 조제를 의뢰한 기록도 있다.

너무 많이 먹으면 안 돼요!

탄 음식에 발암 물질이 포함되어 있다는 것은 사실. 체내에 축적되는 것을 피하기 위해서라도 과도하게 섭취하지 않는 것이 좋다.

예상치 못한 작용을 유발하는 몸에 좋지 않은 음식 조합

평소에 먹는 음식 중에도 다른 음식과 함께 먹을 때 예상치 못한 작용을 일으키는 것들이 있습니다. 여기서는 몸에 좋지 않다고 여겨지고 과학적 근거가 있을 법한 음식 조합의 예를 표로 정리해 보았습니다. 늘 먹는 것이 아니라면 너무 걱정할 필요는 없지만, 참고하면 좋을 것 같습니다.

음식 조합	작용
가리비 + 연어알	가리비의 효소가 연어알의 비타민 B_1을 파괴한다. 가리비를 충분히 익히면 개선된다.
무 + 당근	당근의 효소인 아스코르비나아제가 무의 비타민 C를 파괴한다. 아스코르비나아제는 산성에 약하므로 식초를 사용하면 이를 방지할 수 있다.
구운 생선 + 절임 채소	구운 생선의 디메틸아민과 절임 채소의 아질산나트륨이 반응하여 발암 물질을 생성할 가능성이 있다.
현미 + 우유	현미의 피틴산과 우유의 칼슘이 결합하여, 칼슘의 흡수를 방해한다.
완두콩 + 치즈	완두콩의 피틴산과 치즈의 칼슘이 결합하여, 칼슘의 흡수를 방해한다.
간 + 양하	양하의 성분이 위장 기능을 억제하여, 간에 포함된 소중한 영양소의 흡수가 저해된다.

또한, 최근에는 음식의 조합은 아니지만, 의약품과 식품 사이에 상성이 좋지 않은 조합도 알려지고 있습니다. 예를 들어, 와파린이라는 약을 복용할 때는 낫토를 먹는 것은 금기이며, 알코올을 마시면서 수면제나 항우울제를 복용하는 것은 절대 피해야 합니다. 매우 위험합니다.

서서히 몸을 좀먹는 의존성이 높은 마약

한번 손대면 헤어나올 수 없는 마약. 그 의존의 공포와 심신에 미치는 파괴적인 영향에 대해 철저히 파헤칩니다.

끊으려야 끊을 수 없는 쾌락을 안기는 독

왜 '마약'은 인간을 포로로 만드는가?

마약이라고 하면 일반적으로 위험하다는 이미지가 떠오릅니다. 하지만, 해외에는 법적으로 사용이 허용된 지역도 있고, 일부는 치료용 의약품으로 활용되는 등 다양한 상황이 있을 수 있습니다. 그렇다고 해도 마약은 사용 방식에 따라 분명히 인간에게 독이 될 수 있으므로 각별한 주의가 필요합니다.

마약이 독이 되는 원인 중 하나가 바로 '의존성'입니다. 예를 들어, 사람이 쾌락을 느낄 때 뇌 속에서는 도파민이라는 물질이 분비됩니다. 하지만 도파민이 계속 나오면 마음과 몸의 균형이 무너지기 때문에, 우리 뇌에는 도파민 분비와 억제를 균형 있게 조절하는 메커니즘이 갖춰져 있습니다. 그러나 마약이 뇌 속으로 들어오면 도파민 조절이 불가능해져 쾌락에 빠져들게 됩니다. 이것이 바로 마약에 '의존'하는 상태입니다.

게다가, 마약을 한 번이라도 투약하게 되면 뇌에 지금까지 없던 변화가 일어납니다. 한 번 쾌락을 맛보게 되면 이후에도 그 쾌락을 계속 추구하게 되고, 약물을 반복적으로 투약하는 과정에서 뇌가 정상적으로 기능하지 않게 됩니다. 끊고 싶어도 끊을 수 없는 상태에 이르게 되는 것이죠. 결국 **신체가 약물에 내성을 갖게 되어 쾌락 효과가 점점 줄어들고, 더 많은 약물을 찾게 되는 악순환에 빠집니다.** 이것이 사람들의 삶을 망가뜨리는 무서운 '약물 중독'의 메커니즘입니다.

벗어날 수 없는 남용·의존·중독 사이클

오남용

약물을 사회적으로 허용되지 않은 목적이나 방법으로 투여하는 것

의존

약물을 남용하는 행위를 반복한 뒤, 끊으려도 끊지 못하는 상태.

만성 중독

약물에 의존한 결과, 만성적인 신체 증상이나 정신병이 나타나는 상태.

급성 중독

남용한 결과, 몸에 이상이 나타나거나 갑자기 사망하기도 한다.

마약은 뇌 기능을 교란시키고 단시간에 '의존'을 유발하는 무서운 위험이 있다. 약기운이 떨어지면 경련이나 혼란 등의 '만성 중독' 증상이 나타나며, '급성 중독'으로 사망에 이를 수도 있다.

쾌락을 가져오는 다양한 의존성 약물

각성제 계열

대표적인 각성제 계열로 흔히 '샤부'라고 불리는 메트암페타민이나 코카인 등

억제제 계열

의료용으로도 알려진 모르핀이나 헤로인, 양귀비 열매의 수지를 굳혀 만든 아편 등.

환각제 계열

환각 성분인 실로시빈을 함유한 매직 머시룸과 LSD, 대마 성분인 THC 등.

대마

대마 잎이나 수지에서 유래한 마리화나와 해시시 등. 환각 작용을 일으키는 THC 등의 성분 함유.

일반적으로 알려진 의존성 약물의 분류. 다양한 작용이 복합적으로 일어나는 것이 대부분이다.

법망은 피해도 인체에 미치는 영향은 막대! [위험 약물]

모습을 계속 바꾸는 공포의 위험 약물

"약에 취해 아파트에서 뛰어내려 사망", "대마 젤리로 건강 이상을 호소하는 피해가 전국에서 잇따라 발생" – 이들은 모두 신종 마약류 남용을 다룬 최근 뉴스입니다.

위험 약물(신종 마약류)은 과거에 '허브 마약', '디자이너 드러그', '합법 마약' 등 여러 이름으로 불려 왔지만, 일본에서는 2014년 7월부터 이들을 통칭해 '위험 약물'이라 부르게 되었습니다. 이러한 물질을 복용할 경우 환청과 환각, 의식 불명, 경련 등 다양한 건강 피해가 보고되고 있습니다. 매우 위험하며 불법적인 약물입니다.

주요 정체는 마약이나 각성제의 화학 구조를 조금 변형한 화학 합성 물질로, 신체에 미치는 영향은 마약이나 각성제와 다르지 않습니다. 오히려 마약이나 각성제보다 더 위험한 작용을 일으킬 가능성도 있습니다. **실제로 어떤 위험성이 있는지 알 수 없는 무서운 물질**인 것입니다.

그럼에도 불구하고 그 위험성에 대한 인식이 거의 없습니다. 후생노동성은 여러 차례 규제를 강화해 왔지만, 규제를 피해 새로운 화합물이 계속해서 만들어지고 있습니다. 또한, 법망을 빠져나가기 위해 **젤리 같은 과자나 향, 입욕제**(배스 솔트, bath salt), **허브, 아로마 등 여러 형태로 모습을 바꿔 판매**되고 있습니다.

화려한 포장이나 "합법적이며 안전하다."라는 말을 절대 믿어서는 안 됩니다.

용도를 위조해 판매되는 '위험 약물'

색깔이나 모양도 다양하며, 액체나 분말, 건조 식물 등 겉으로는 위험 약물인지 알 수 없도록 교묘하게 만들어져 있다.

위험해요! 위험 약물에 의한 사건 및 사고

운전 중 사망 사고

상반신 노출로 학교 침입 및 체포

설사, 구토, 쇠약으로 인한 사망

소지 및 판매로 인한 체포

위험 약물을 투약하면 자신을 통제할 수 없는 상태에 빠져, 사건이나 사고를 일으키는 사례가 많다.

과거에는 콜라에 들어 있었다?! [코카인]

헤어나올 수 없는 "마법의 약"

코카인은 남미가 원산지인 코카 잎에 함유된 성분을 추출한 것입니다. **과거에는 의료 현장에서도 많이 사용되었으며, 그 강력한 효과로 인해 '마법의 물질'로서 전세계에 널리 퍼졌습니다.** 그러나 점차 과잉 복용으로 인한 사망 사고 등이 계속 발생하자 엄격하게 규제되기 시작했습니다.

코카인의 외관은 흰색 가루 형태입니다. 섭취 방법은 곱게 부순 것을 코로 흡입하는 것이 일반적입니다. 체내에 들어가면 중추신경을 흥분시켜 뇌의 쾌감과 관련된 신경에 작용하여, 이른바 '하이(High)한 상태'가 됩니다. 그러나 그 효과는 오래 지속되지 않습니다. 쾌감에 휩싸이는 시간은 3시간 정도이고, 그 후에는 반동으로 초조하고 우울한 상태에 빠집니다. 그래서 다시 쾌락을 찾아 코카인에 손을 대는 악순환에서 벗어날 수 없게 만드는, 정신적 의존성이 매우 강한 약물으로 알려져 있습니다.

중증의 중독 상태에 이르면 환청이나 환각과 같은 심각한 정신 장애를 겪게 됩니다. 증상으로는 벌레가 몸 위를 기어 다니는 듯한 감각에 시달리거나, 누군가에게 감시당하고 있다는 피해망상에 사로잡히는 상태에 이르기도 합니다.

코카인이 태어난 19세기에는 이러한 위험성이 제대로 이해되지 않은 채 많은 사람들이 복용하고 있었습니다. 바로 그 유명한 셜록 홈즈조차 코카인 사용자로 설정되어 있을 정도로, 당시에는 매우 친숙하고 가까운 존재였던 것입니다.

코카인 토막 상식

큰 인기를 끌던 콜라에 들어 있었다!

1886년 미국의 약사 J. S. 펨버턴이 만든 코카콜라에는 처음에는 실제로 코카 잎 성분이 들어 있었다.

고산병에 효과가 있는 코카 잎

코카 잎(Coca leaf)은 고산병에도 효과가 있다. 남미의 볼리비아 등 일부 지역에서는 지금도 코카 잎을 씹거나 차로 즐겨 마시는 습관이 있다.

코카인보다 더 위험한 '크랙'

크랙(crack cocaine)은 코카인 염산염에 물과 탄산수소나트륨을 더해 가열한 뒤, 식혀서 고체로 만든 것이다. 파이프에 넣어 흡입하는데, 체내에 들어오면 매우 강렬한 효과를 낸다. 단 한 번의 사용으로도 100% 의존증에 빠질 수 있다고 한다.

밀수가 횡행, 인간성마저 바꿔버리는 각성제 [메스암페타민]

한 번 손대면 평생 도망칠 수 없다

일본 법률에서 '각성제'란 메스암페타민(methamphetamine, 필로폰)과 암페타민을 가리키며, 모두 불법 마약에 해당합니다.

현재 일본 내에서 유통되는 것은 주로 메스암페타민으로, 이 마약은 과거 한때 졸음을 쫓고 기분을 고양시키는 효과를 내세워 '필로폰'이라는 이름으로 일반에 판매된 적도 있었습니다. 결정 형태의 메스암페타민은 얼음 조각처럼 생겨, 속칭 '아이스'라고도 불립니다.

각성제 계열 마약은 정신적 의존성이 극도로 강합니다. 투약하면 일시적인 쾌감에 휩싸이지만, 약효가 사라지면 그 반동으로 극심한 피로나 권태감, 나아가 우울 상태에 빠지기도 합니다. 중독이 진행되면 이러한 고통스러운 상태를 벗어나기 위해 다시 쾌감을 추구하며 마약을 반복적으로 찾게 됩니다.

또한, 고가에 거래되는 마약을 어떻게든 손에 넣으려다 강도와 같은 강력 범죄에까지 손을 대는 사례도 빈번합니다.

하지만 **무엇보다 무서운 점은, 한 번이라도 사용하면 그 영향이 평생 사라지지 않을 수 있다**는 사실입니다. 투약을 중단해 겉으로는 평상시로 돌아온 듯 보여도, 불면이나 스트레스를 계기로 환각이나 망상이 갑자기 재발하는 '플래시백' 현상이 나타날 수 있습니다. 즉, 이러한 마약에 손대는 것은 평생 그 굴레에서 벗어나기 어려운 상태에 놓이게 됨을 의미합니다.

투약 방법도 다양하다! 약물 사용 방법

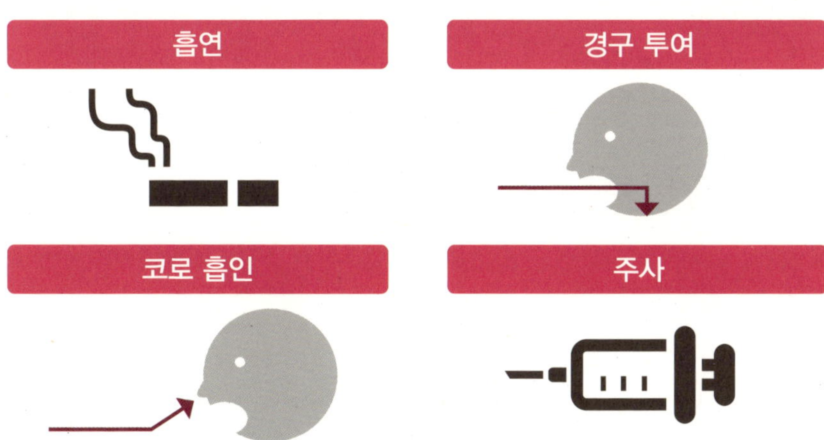

중독되면 며칠 동안 잠도 밥도 잊고 몇 시간마다 계속해서 투약하게 되는 무서운 각성제 계열 마약.

증가 추세에 있는 마약 압수량

일본의 경우 각성제류 마약 압수량은 전년 대비 증가하여 약 1,600kg이 압수되었다(2024년 7월 23일 발표된 일본 후생노동성의 2023년 통계 데이터에서 발췌)

양귀비 → 아편 → 모르핀에서 최악의 마약이 탄생! [헤로인]

신의 약물이 '최악의 마약'을 탄생시켰다

모르핀은 암으로 인한 통증을 다루는 진통제 등으로 현재도 세계 의료 현장에서 사용되고 있습니다.

이처럼 고통을 없애는 '신의 약물'이라 불리던 모르핀은 악마의 마약 '헤로인'을 탄생시키는 계기가 되기도 했습니다.

모르핀에 아세트산 무수물(Acetic Anhydride)을 반응시켜 아세틸화한 물질이 1898년 독일의 한 회사에 의해 기침 억제제인 '헤로인'이라는 약으로 출시되었습니다. 당시에는 모르핀보다 더 강력한 진통 효과도 기대되었지만, 이후 강한 의존성과 금단 증상이 있다는 사실이 밝혀졌습니다.

헤로인은 '최악의 마약'이라는 별명으로 불릴 만큼, 마약 중에서도 특히 쾌락성과 의존성이 매우 높고, 신체적 의존성도 극히 강력한 것으로 알려져 있습니다.

헤로인 의존자가 수 시간 동안 헤로인을 투약하지 않으면, 전신의 근육과 뼈가 마디마디 부서지는 듯한 통증을 느낍니다. 게다가 헤로인의 과다 투약으로 인한 급성 헤로인 중독은 호흡 곤란에서 혼수상태를 거쳐 사망에 이릅니다.

그리고 지금, 헤로인을 능가하는 새로운 마약이 미국을 중심으로 큰 문제로 떠오르고 있습니다. 그 이름은 '펜타닐'입니다. 펜타닐의 진통 효과는 최대 헤로인의 50배, 모르핀의 100배에 달한다고 알려져 있지만, 극소량만으로도 사망에 이를 수 있을 정도로 위험하여 '좀비 마약'이라는 별명으로도 불립니다.

최악의 마약 '헤로인'이 만들어지기까지

양귀비 열매

양귀비 열매에 상처를 내어 얻은 유액을 굳힌 것이 생아편.

아편

누워서 아편을 태워 연기를 흡입하는 방식이 주류였다.

모르핀

아편에서 모르핀을 추출하고 정제해, 의료용 모르핀으로 사용.

헤로인

모르핀에 아세틸화라는 화학적 변화를 더해 헤로인이 만들어진다.

몇 알로도 생명을 앗아가는 '펜타닐'

미국에서는 진통제로 사용되는 펜타닐이 사회 문제로 떠올랐다. '기분 좋아지는 진통제'라며 가볍게 복용하다가 목숨을 잃는 사례가 끊이지 않고 있다.

모두가 좋아하는 망고에도 독이 있다?!

일상생활에서 유해하다고 생각하지 않고 접하는 것들이 의외로 많습니다. 예를 들어, 슈퍼마켓에서 흔히 볼 수 있는 채소인 '모로헤이야(Moroheiya)'는 성장 시기에 따라 독성이 있는 경우도 있습니다. 즉, 꽃이 핀 뒤에 맺히는 씨앗이나 꼬투리에는 강심 작용을 하는 독성 성분이 들어 있습니다. 집 텃밭이나 화분에서 재배하는 경우에는 주의하세요. 물론 시중에 판매되는 모로헤이야는 어린 잎이나 줄기 부분이므로 독성은 없습니다.

또한, 누구에게나 발생할 가능성이 있는 것이 바로 음식 알레르기입니다. 평소에 먹던 음식이라도 갑자기 어떤 증상이 나타날 수 있습니다. 예를 들어, 망고에는 '망골(Mangol)'이라는 성분이 포함되어 있어 알레르기가 생기면 입이나 입술이 가렵거나 붓고, 목의 통증 등의 증상이 나타날 수 있습니다. 실제로 망고는 피부 발진(옻 오름)으로 유명한 옻나무와 같은 과에 속하는 식물입니다.

이에 더해 주의해야 할 것이 바로 '협죽도(유도화)'입니다. 공해에 강하고 튼튼하여 공원이나 도로변에 다수 심어져 있지만, 매우 강력한 심장 독성을 가지고 있습니다. 과거에는 이 가지를 나무젓가락이나 꼬치로 사용해 고기를 구워 먹다 사망하는 사고가 발생하기도 했습니다. 최악의 사태를 방지하기 위해서라도 함부로 만지지 않도록 주의하기 바랍니다.

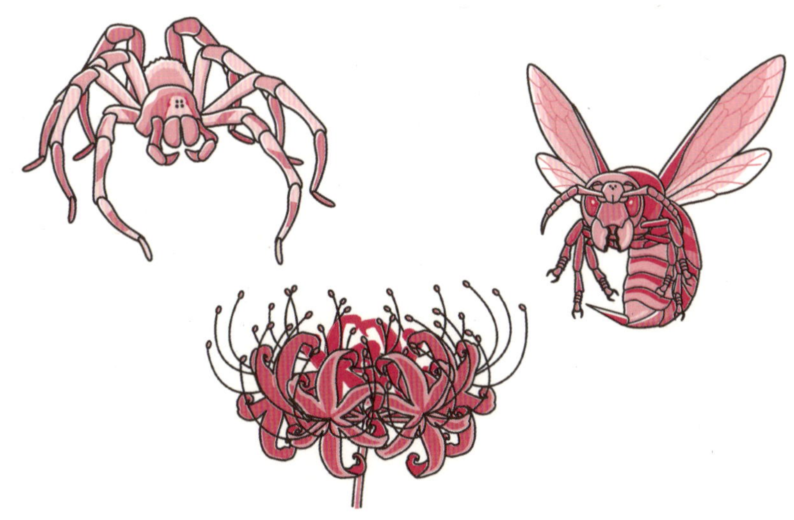

참고문헌

『너무 위험한 독물 도감』
후나야마 신지(감수), 타카라지마샤

『포켓 도해 : 최신 「독」의 잡학을 아주 쉽게 알 수 있는 책』
타카토 타츠야(저), 슈와 시스템

『어른을 위한 도감 : 독과 약』
스즈키 츠토무(감수), 신세이출판사

『독』(PHP 문고)
후나야마 신지(저), PHP 연구소

『독도감 : 살아가기 위해 독이 필요했습니다』
마루야마 타카시(저), 국립과학박물관(감수), 겐토샤

『대단한 독을 가진 생물 도감 : 사정이 있어, 독이 있습니다』
후나야마 신지(감수), 우라켄 볼복스(그림), 중앙공론신사

『독이 있는데 왜 먹을 수 있는가』(PHP 신서)
후나야마 신지(저), PHP 연구소

『모두가 알고 싶어 하는! 신비한 독의 모든 것 : 주변에 숨어 있는 위험을 배워보자』(마나북)
「독의 모든 것」 편집실(저), 메이츠출판

『독의 과학—독과 인간의 관계』
후나야마 신지(저), 나츠메 사

『마약의 모든 것』, (고단샤 현대신서)
후나야마 신지 (저), 고단샤

『독과 약의 세계사』 (주공신서)
후나야마 신지(저), 주공신서

잠 못들 정도로 재미있는 이야기

독

2026. 4. 1. 초 판 1쇄 인쇄
2026. 4. 8. 초 판 1쇄 발행

감　수 | 후나야마 신지(船山信次)
옮긴이 | 김성훈
펴낸이 | 이종춘
펴낸곳 | **BM** (주)도서출판 **성안당**

주소 | 04032 서울시 마포구 양화로 127 첨단빌딩 3층(출판기획 R&D 센터)
　　　 10881 경기도 파주시 문발로 112 파주 출판 문화도시(제작 및 물류)
전화 | 02) 3142-0036
　　　 031) 950-6300
팩스 | 031) 955-0510
등록 | 1973. 2. 1. 제406-2005-000046호
출판사 홈페이지 | www.cyber.co.kr
ISBN | 978-89-315-0822-2 (04080)
　　　　 978-89-315-8889-7 (세트)
정가 | **10,000원**

이 책을 만든 사람들
책임 | 최옥현
진행 | 조혜란
교정·교열 | 조혜란, 김성훈
본문 디자인 | 김인환
표지 디자인 | 박원석
홍보 | 김계향, 임진성, 김주승, 김도희
국제부 | 이선민, 조혜란
마케팅 | 구본철, 차정욱, 오영일, 나진호, 강호묵
마케팅 지원 | 장상범
제작 | 김유석